FREUNDSCHAFT

KOMMT

AUF

LEICHTEN

FÜSSEN

Katie Clapham

FREUNDSCHAFT KOMMT AUF LEICHTEN FÜSSEN

Aus dem Englischen von Fabienne Pfeiffen

CARLSEN

Carlsen-Newsletter: Tolle Lesetipps kostenlos per E-Mail!
Unsere Bücher gibt es überall im Buchhandel und auf carlsen.de.

Unser Versprechen für mehr Nachhaltigkeit
- Klimaneutrales Produkt
- Papiere aus nachhaltiger Waldwirtschaft
- Hergestellt in Europa

FSC
www.fsc.org
MIX
Papier aus verantwortungsvollen Quellen
FSC® C083411

Originaltitel: Be More Alice
Umschlaggestaltung und -typografie: formlabor
Umschlagabbildungen: photocase.de © Addictive Stock;
shutterstock.com © Val_Iva/marooshka/aurielaki/Roman Kupriyanov
Aus dem Englischen von Fabienne Pfeiffer
Lektorat: Julia Gronhoff
Herstellung: Derya Yildirim
Satz: Dörlemann Satz, Lemförde
ISBN: 978-3-551-58431-1

Alice Daly-Donne

Man erlebt ja so einiges, aber wenn das nicht die Höhe ist, dann weiß ich auch nicht: Da bummele ich nichts ahnend den Hügel zu unserer Schule hinauf, ganz in Gedanken versunken – und okay, ich gebe zu, dass ich wegen dieser Fotogeschichte *tatsächlich* besonders chic aussehe. Mag sein, dass ich schon lächerlich früh aufgestanden bin, um meine Haare in Form zu bringen, und außerdem allen Ernstes ein gebügeltes T-Shirt trage. Sogar eins von den figurbetonten, weil Mum meint, darin wirke ich smarter als in den weiten. Ich habe neue Strumpfhosen an. Im Sinne von: funkelnagelneu. Smart und ehrgeizig, darauf bin ich aus, denn schließlich bin ich dem entsprechenden Gruppenfoto zugeteilt worden: den Superhirnen. Eines dieser Privilegien, die in einem kurzzeitig den akuten Wunsch wecken, man wäre ein bisschen weniger schlau. Jedenfalls: Ich schaue gut aus und es ist ziemlich warm, deshalb ziehe ich meinen Blazer aus und schiebe ihn durch den Gurt meiner Schultasche, und ich schätze, irgendwie verfängt er sich dabei in meinem Rock, der dadurch hinten ein wenig nach oben rutscht – denn mit einem Mal wird neben mir ein Auto langsamer und dieses … Gesicht lehnt sich aus dem Fenster und sagt, ungelogen: »Hit me, Britney, one more time.«

Ich bleibe wie angewurzelt stehen, weil – wie soll ich das denn bitte verstehen? Und ich frage: »Was?«

Und der Kerl wiederholt es! Diesmal allerdings drückt er dabei die Brust heraus und zieht diese fürchterliche Visage, begleitet von einem schrecklichen Gestöhne, und ich bin mir noch immer nicht sicher, worauf er hinauswill, bis er die Sache zweifelsfrei klarstellt.

»*Das* hält kein braver Schuljunge aus.« Seine Augen wandern über meinen Körper. Und in diesem Moment drehe ich mich um und renne.

Lena Singleton

Wieder und wieder lässt der Fotograf uns laufen. »Rennt nicht so schnell«, verlangt er – als würde auch nur eine von uns absichtlich Tempo herausnehmen, bloß damit er einen besseren Schnappschuss bekommt. »Könnt ihr vielleicht ein bisschen enger zusammenrücken, Mädels?«, schlägt er vor. »Arme um die Schultern, breites Lächeln?« Du denkst an das Netballteam, Mann. Die sind die Kuschlerinnen. Der Zusatz »Team« in »Leichtathletikteam« ist reine Zierde – wir tragen lediglich dieselben Farben und teilen uns auf dem Weg zum Turnier einen Minibus. Jede von uns kämpft für sich allein. Wir laufen, um zu gewinnen.

»High Five!«, ruft sie. Wie eine Cheerleaderin. Und meint damit mich. »High Five!?« – beim zweiten Mal mit einem Lächeln und erhobener Hand. Wer könnte Minnie Michaels schon hängen lassen?

... Ich.

Minnie Michaels

Der Fotograf hat heute Morgen ein paar großartige Bilder vom Netballteam gemacht, daher bin ich mir ziemlich sicher, dass der Sportbereich abgedeckt ist. Allerdings ist unsere Schule ganz scharf darauf, die beeindruckende Bandbreite des Sportangebots in dem neuen Werbeportfolio zu zeigen, also habe ich mich umgezogen und meinen Pferdeschwanz zum unordentlichen Knoten umgestylt – so fällt in einem Gruppenbild vielleicht weniger auf, dass dasselbe Gesicht bei zwei Teams zu finden ist. Keine der Läuferinnen interessiert sich sonderlich für den Fotografen. Ich versuche, dem armen Kerl ein wenig Hilfestellung zu geben. »High Five?«, biete ich einigen der Mädchen an. Lena Singleton hört mich nicht, derart hoch konzentriert ist sie. Wie immer. Ich dränge mich lächelnd einer arglosen Fünftklässlerin auf – »High Five!« Sie lächelt zurück, und exakt in dem Moment, in dem unsere Hände sich in der Luft treffen, klickt die Kamera.

»Fantastisch, Mädels.« Der Fotograf klingt erleichtert.

Alice Daly-Donne

Wenn ich sage, dass ich gerannt bin, dann meine ich damit: Ich bin zügig durch das Schultor marschiert, habe meinen Rock nach unten gezerrt, den Blazer wieder angezogen und den Stoff vor der Brust so weit wie nur möglich übereinandergeschlagen. Im Schulgebäude haste ich sofort in die Toilette und starre mir im Spiegel selbst durchdringend ins Gesicht. Dann mache ich für eine bessere Gesamtansicht ein paar Schritte zurück. Meine Brüste schauen riesig aus in diesem Shirt. Po und Beine sind im Spiegel nicht zu sehen, aber ich weiß, wie sie in dieser Uniform wirken – nämlich so, als wollten sie um jeden Preis Aufmerksamkeit. Was allerdings wohl kaum meine Schuld ist: Wo sollte ich sie denn bitte sonst hintun? Ich konzentriere mich wieder auf mein Gesicht. Mein Gesicht ist gut: tadellos reine Haut, süße Frisur. Ich musste mich lediglich vergewissern, dass ich mich nicht unbemerkt auf dem Schulweg in jemand anders verwandelt hatte. Sichergehen, dass ich es mir nicht selbst zuzuschreiben habe, wenn irgendein Widerling mich aus dem Auto heraus mit einem verirrten Mitglied einer Junggesellinnenabschiedsgesellschaft verwechselt hat. Okay, ich bin groß.

Okay, ich bin … weit entwickelt. Wie auch immer. Dieser Typ war schrecklich und lächerlich und er hatte keinerlei Recht, solche Sachen zu mir zu sagen. Ich drücke den Rücken durch und lächele. Ich sehe hübsch aus. Smart und ehrgeizig.

Das Foto der Jahrgangs- und Fachbesten – aka Nerds United – wird in einem kuscheligen Chemieraum aufgenommen. Die Idee: Wir sitzen alle zusammen um einen Tisch, ganz aus dem Häuschen darüber, dass wir das Feuer entdeckt haben und/oder in der Lage sind, einen Bunsenbrenner zu bedienen. Ich bin hoch motiviert, mich auf das Szenario einzulassen, bis mir klar wird, wer außer mir noch zu diesem schrägen Familienfoto eingeladen ist.

Zuerst einmal bin da ich – und dazu kommen mein winziger Sohn Jacob Porter, meine zierliche Tochter Lucia Tan, meine andere zierliche Tochter, Schulsprecherin Tilda Jeffrey, und ein paar weitere Kids, die derart mickrig sind, dass ich mir nicht einmal die Mühe gemacht habe, ihre Namen im Kopf zu behalten. Dieser dauergrinsende Australier ist gar nicht mal *so* klein, aber um mich weniger groß wirken zu lassen, bräuchte es schon eine Gruppe Basketballer.

Zu Beginn stehe ich ganz vorn im Bild; dann allerdings fällt dem Fotografen auf, dass ich so unser niedliches Bunsenbrennerbaby (und alle übrigen Schüler) verdecke und besser hinter dem Tisch platziert werden sollte, damit alle zu sehen sind. Und vielleicht setze ich mich auch lieber? Und eventuell könnten einige der anderen – okay, idealerweise *alle* anderen – stehen, sodass niemand denkt, ich wäre die Lehrerin. Wobei, haha, weshalb würde eine Lehrerin Uniform tragen? Hahaha, jep, kein Problem, so ist es perfekt …

Bis zum Mittagessen habe ich entschieden, dass ich in Zukunft wohl Fotos jedweder Art meiden werde. Was im Grunde schade wäre, denn Selfies kriege ich richtig gut hin. Auf dem Weg zur Mensa, wo ich fest vorhabe, Jodie und Caro von der Fratze im Autofenster zu erzählen, hält mich unser Schulleiter im Flur an.

»Alice, ich wollte fragen, ob du kurz Zeit für nur ein weiteres Foto hättest.« Neeeeiiiin.

»… wenn du also ganz fix mal in den neuen Gemeinschaftsraum flitzen würdest?« Ich flitze nicht. Und außerdem: Neeeeiiiin.

»… wir wünschen uns bloß ein paar hübsche, ganz ungezwungene Bilder, die unterstreichen, dass die Freundschaften, die hier geschlossen werden, solche fürs Leben sind. Echt. Beständig. So was in der Richtung. Für die Schulbroschüre. Du hast nichts dagegen, oder?« Das ist lachhaft. Natürlich habe ich etwas dagegen.

»Kein Problem, Sir.«

Ich schleppe mich also in den Gemeinschaftsraum, wo ich sofort zu einem Stuhl bugsiert werde und die Anweisung erhalte, eine angeregte Fake-Unterhaltung mit meinen neuen Fake-Freundinnen zu beginnen: zwei winzigen, sportlichen Mädels. Vermutlich sind wir ausgesucht worden, weil Gegensätze sich ja angeblich anziehen. Die eine der beiden ist die Freundin des Australiers, und sie heißt Minnie, wie sie sagt.

Leicht zu merken, denn ihre Proportionen gleichen denen eines Mäuschens. Ihre Freundin Lena, mit der sie mich ebenfalls bekannt macht, starrt uns gleichermaßen finster an. Beinahe stelle ich mich als Big Alice vor, weil ich ahne, dass sie das ohnehin für meinen Namen halten, aber ich gebe mir die größte Mühe, meiner schlechten Laune keinen Raum zu lassen. Schließlich hat niemand etwas davon, wenn ich auf diesen Fotos missmutig dreinschaue, also versuche ich, tatsächlich etwas über meine neuen Fake-Freundinnen zu erfahren.

»Welchen Käse mögt ihr am liebsten?«

Beide wirken verwirrt. »Cheddar?«, antwortet Minnie Maus.

»Wieso?«, will Lena wissen.

»Ach, ich dachte bloß, statt ›Cheese‹ zu sagen, wenn das Bild aufgenommen wird, könnten wir stattdessen unsere Lieblingssorte rufen«, setze ich zu einer Erklärung an, doch der Fotograf bedeutet uns, still zu sein. Absurd, schließlich hat er buchstäblich gerade eben noch verlangt, dass wir für sein Foto fröhlich quatschen.

»3 – 2 – 1 – jetzt!«, ruft er.

»Camembert!«, sage ich, als der Blitz aufflammt.

»Cheese!«, quiekt Minnie. Die andere spart sich die Mühe.

»Eins noch«, verlangt der Fotograf, und statt zu schreien, werfe ich den Kopf in den Nacken und mime herzhaftes Gelächter. Ich mag Fotos von mir, auf denen ich lache – genau genommen gefallen mir auf Bildern alle Menschen, wenn sie lachen. Na ja, fast alle. Außer Hitler. Und der Fratze im Auto.

Mein Haar streicht über Lenas Wange.

»Tut mir leid«, sage ich und frage mich dabei insgeheim, wie oft ich mich heute schon dafür entschuldigt habe, dass ich Raum einnehme.

»Nein, alles gut«, winkt sie ab.

Ist es aber nicht, oder? Für mich zumindest. Nichts von alldem hier ist gut.

Als ich endlich wieder zu meinen echten, selbst gewählten Freundinnen stoße, erzähle ich ihnen mit keinem Wort von der Fratze. Sie kichern über etwas, das passiert ist, während ich nicht da war, und vermutlich hätte ich da gewesen sein müssen, um es ebenfalls witzig zu finden, doch wie schon im Gemeinschaftsraum ertappe ich mich dabei, dass ich den Kopf zurücklege und lache, denn andernfalls würde. Ich. Wohl. Einfach. Losschreien.

Lena Singleton

Es nimmt überhaupt kein Ende mit den Bildern. Erst die Lauffotos. Dann die Schnappschüsse im Gemeinschaftsraum. Lachend mit Lehrern. Gemeinsam mit anderen Mädels, die keinen einzigen meiner Kurse belegen, über Hausaufgaben gebeugt. Mit Big Alice und Minnie Michaels. Und weil wir so überzeugend wirken, werden wir direkt für noch ein paar weitere Aufnahmen ausgewählt. Nur wir drei, draußen auf einer feuchten Bank. Lächelnd am Eingang zur Bibliothek. Der Fotograf möchte, dass wir uns in der Mensa unterhalten, vor leeren Tellern. Affig. Irgendwann ertönt der Schulgong und die Klassenzimmer leeren sich. Die Leute trödeln auf ihrem Weg zur nächsten Stunde. Ein schlaksiger Typ mit dunklem Haar bleibt stehen und glotzt eine Weile ganz unverhohlen. Ich vermute erst, dass er Minnie anstarrt, doch als der Fotograf sich kurz abwendet, beobachte ich, wie der Kerl auf das Stativ zupirscht und nach dem Markennamen der Kamera schielt. Minnie müht sich natürlich nach Kräften, Alice in netten Smalltalk zu verwickeln. Alice ist laut, wenn sie denn redet; ich überlege derweil gerade, ob ich heute überhaupt schon einmal den

Mund aufgemacht habe, als ich durch das Fenster einen Blick auf Aimee erhasche. Sie stiert mich an – und sie ist, ganz wie erwartet, stinkwütend.

Minnie Michaels

Wir dürfen die komplette vierte Stunde für weitere Fototermine schwänzen. Es macht wirklich ziemlich Spaß – definitiv mehr als Chemie, jetzt, da Daniel in einem anderen Kurs ist. Durch Netball bin ich das ganze Fotografiertwerden schon gewohnt; normalerweise schauen wir dabei allerdings bewusst in die Kamera. Ein breites Lächeln für das Team! Ich muss mich regelrecht körperlich zwingen, nicht absichtlich besonders aufrecht zu stehen und die Hände hinter dem Rücken zu verschränken, wie wir das üblicherweise für die Mannschaftsbilder tun. Der Fotograf will uns »beim entspannten Plaudern mit Freundinnen« einfangen – bloß, dass die Freundinnen, mit denen ich mich unterhalte, eigentlich überhaupt nicht meine Freundinnen sind. Lena aus der Leichtathletik sieht man auf den ersten Blick an, dass sie einfach nur das Ende dieser ganzen Aktion herbeisehnt, und mir fällt der spontane Fake-Smalltalk ein wenig schwer, aber das große Mädchen, Alice, hat ein echt gutes falsches Lachen auf Lager. Sie redet mit ausgreifenden Gesten, fuchtelt ständig mit den Händen herum, also lächle ich einfach zurück und hoffe, dass am Ende ein nettes Bild dabei herauskommt.

»So ist das großartig, danke, Mädels. Jetzt haben wir ein paar wunderbare Aufnahmen im Kasten. Ihr könnt gern zusätzliche Abzüge kaufen, wenn ihr wollt. Ein hübsches Andenken für euch und eure Freundinnen, hmm?«

Und aus irgendeinem Grund sage ich: »Oh ja, danke, das wäre toll.« Alice nimmt kaum wahr, was er vorgeschlagen hat, aber Lena Singletons Gesicht zuckt leicht. Wenn ich diese Reaktion deuten müsste, würde ich sagen: ein Ausdruck reinster Abscheu.

WIR LAUFEN!

UND DU?

ENTDECKE DAS LICHT IN DIR!

Melde dich bei Leo und werde FIT4LIFE:

0770 0900930

FIT4LIFE Personal Trainer und Lauftrainer

TEIL 1

WARM-UP

Alice Daly-Donne

hört nie wieder Britney Spears.

Über das, was ich heute Abend tatsächlich treibe, kann ich nicht schreiben – deshalb ist der Statuspost zu Britney eine Geheimbotschaft an mich selbst, ein Startschuss für mein neues Ich. (*I'm not a girl! Not yet a wooo-man!* Ach, ich werde Britneys brillante Refrains wirklich vermissen.)

Nachdem ich einen Tag hinter mir habe, den ich definitiv vergessen will, muss ich zumindest den Abend erinnerungswürdig gestalten. Immer wieder steht mir das schreckliche Gesicht dieses Mannes vor Augen, und dann verschiebt sich auch noch die Szene, sodass er mich in meiner Vorstellung tatsächlich Big Alice nennt. Puh! Und dann muss ich wieder daran denken, wie peinlich berührt ich geklungen habe, als dieser Fotograf mich allen Ernstes vor meinen Superhirnen bloßgestellt hat. Wieso habe ich mich bei ihm entschuldigt?! An diesem Punkt ärgere ich mich schließlich über mich selbst, weil ich zugelassen habe, dass Leute, die mich überhaupt nicht kennen, mir derart zusetzen. Und prompt finde ich den kompletten Tag wieder einfach nur gruselig. Deshalb habe ich gerade vor zehn Minuten beschlossen, dass ich etwas unternehmen werde. *Do Somethin'!* (*Oops! ... I Did It Again!* Gott, ich liebe Britney. Oder habe sie geliebt. Unfassbar, dass die Fratze sie mir verleidet hat.)

Zu Dokumentationszwecken stelle ich meinen Status auf privat [sodass nur ich selbst ihn sehen kann] – schon mal gefragt, wer eine solche Einstellung je nutzt? Tja, ich, genau jetzt. Danke, liebe Internet-Programmiergenies! Dann schlüpfe ich in meine Vans und mache mich auf den Weg zur Haustür. Philip wartet bereits auf mich und peitscht seine Rute gegen die Sockelleiste. Philip ist übrigens ein Deutscher Schäferhund – nicht etwa mein übereifriger Freund.

»Ich gehe mit Philip raus!«, rufe ich ins Haus hinein, nur für den Fall, dass das irgendjemanden interessiert. Mum und Dad antworten einstimmig aus unterschiedlichen Stockwerken.

»Danke, Schatz!«

Clara schreit aus ihrem Türrahmen. »Kann ich mitkommen?«

»Du solltest längst schlafen!«, antworten diesmal Mum und ich wie aus einem Mund.

»Ich schlafe ja!«, brüllt sie zurück und knallt ihre Tür zu. Ich höre, wie sie sich mit einem dumpfen Plumps aufs Bett wirft. Dafür, dass sie so klein ist, kann sie ganz schön viel Krach machen.

»Wie auch immer: *Are you ready?*«, trällere ich (möglicherweise inspiriert von Britney). Vielleicht gilt die Frage Philip, wahrscheinlicher mir selbst. Denn heute Abend ist es so weit, die große Premiere ...

[Privat] **Alice Daly-Donne** geht laufen.

Minnie Michaels

kann einem Belohnungs-KitKat nach dem Training nicht widerstehen!

Heute hat mich mein Coach nach dem Training beiseitegenommen und gemeint, ich solle mir allmählich Gedanken über meine Optionen machen. (Ich wünschte, jemand würde diese Optionen überhaupt erst einmal benennen.) Er hat angedeutet, dass ich »eine Karriere im Netball ernstlich in Erwägung ziehen« könne. Ich schätze, in gewisser, ganz eigener und eher flüchtiger Weise habe ich das schon, und jep, erscheint mir vernünftig. Klar, die Konkurrenz ist stark, aber alle denken, ich bin gut genug, und in Bezug auf andere Fächer höre ich das nie. Ich bin nicht dumm oder so, aber wohl eher durchschnittlich in Mathe, Biologie, Geschichte und so weiter. Durchschnittlich zu sein, ist nicht sonderlich toll. Großartig bin ich dagegen in zwei Disziplinen: im Sport und in meiner Rolle als Daniel Turners Freundin.

Daniel kam vor einem Jahr an unsere Schule; er stammt aus

Australien, und ich weiß, das klingt abgedroschen, aber für uns beide war es Liebe auf den ersten Blick. So etwas gibt es wirklich! Er hat diese großen braunen Augen und lockiges braunes Haar und die schönsten, weißesten Zähne der Welt. Sein Lächeln ist nicht bloß breit – es ist so breit wie Australien. Er hat sich damals neben mich auf den Tisch gesetzt, und ich habe die Augen buchstäblich gar nicht mehr von ihm losreißen können. Das hätte mir peinlich sein sollen, aber er hat einfach nur dieses Wahnsinnslächeln gelächelt und »Hey, Girl!« gesagt, als wären wir schon ewig befreundet. Und ich habe »Hey, Boy!« geantwortet, und dann hatten wir ein paar Kurse zusammen und haben uns ein paar Monate lang täglich mit »Hey, Girl!« – »Hey, Boy!« begrüßt und uns abends Textnachrichten mit Gute Nacht, Girl! und Gute Nacht, Boy! geschickt. Nach den Sommerferien hat er schließlich »Hey, mein Girl!« gesagt, und ich habe »Hey, mein Boy!« geantwortet, und aus unseren Gute-Nacht-Floskeln ist Ich liebe dich geworden.

Wir gehen Händchen haltend nach Hause. Daniel trägt dabei meine Sporttasche, und ich mampfe ein KitKat. Er erzählt mir von einer neuen Kletterhalle, von der er gehört hat, und meint, wir sollten sie in den Halbjahresferien mal ausprobieren. Klingt gut, und ich lausche und nicke, während er mir ein paar geniale Videos beschreibt, die er im Internet gesehen hat – aber zugleich gehen mir auch die Worte meines Coachs durch den Kopf. Offenbar will ein Scout der Bezirksliga bei einigen unserer nächsten Spiele zuschauen. Keine Frage: Das ist meine Chance, entdeckt zu werden. Und dann »könnten die Dinge ins Rollen kommen« für mich. Welche Dinge? Bezirksligadinge? Nationalmannschaftsdinge? Ich schätze, darauf hat er angespielt, als er von einer Zukunft im Netball gesprochen hat. Ich – ganz oben? Minnie Michaels, Netballspielerin für England?

[Privat]

Alice Daly-Donne

fühlt sich wie in einem Werbeclip für Dr. Pepper. (What's the worst that could happen?)

Okay, also dann: Ich werde nicht einfach geradewegs aus der Haustür platzen und unseren Gartenweg oder gar die Straße entlangrennen. Ich kann nicht riskieren, von irgendjemandem gesehen zu werden; deshalb werde ich zusammen mit Philip ganz gemächlich zu dem düsteren Gässchen spazieren, das sich hinter den schicken Häusern entlangzieht, und dort fangen wir zu laufen an. Der Weg führt ein gutes Stück geradeaus, wobei ich schätze, dass ich wohl ein paar Mal hin- und herjoggen muss, um auf eine ordentliche Distanz zu kommen. Zehn Mal vielleicht? Ich habe keine Ahnung, welche Strecke das ergibt. Ich denke, ich sollte mir eine dieser Fitnessuhren zulegen, mit denen man seine Läufe aufzeichnet. Nicht, dass ich vorhabe, die Ergebnisse dann online zu teilen oder so – aber es wäre schon gut, einfach für mich selbst zu wissen, ob ich quasi versehentlich jeden Abend nach der Schule einen Marathon laufe. Darauf bin ich tatsächlich am meisten gespannt: Ich habe das Ganze im Grunde noch nie wirklich ausprobiert, und vielleicht bin ich als Läuferin ja ein absolutes Naturtalent? Immerhin *wirke* ich sportlich, mit meinen langen Beinen und allem. Bisher habe ich bloß nie ernsthaft Sport getrieben. Bis jetzt. Bei den Olympia-Übertragungen im Fernsehen ist mir allerdings aufgefallen, dass etliche der Langstreckenläufer hoch aufgeschossene Schlakse sind. Gut möglich, dass das Laufen mir praktisch im Blut liegt und meine Beine gleich erkennen: »Wow, ENDLICH, dafür sind wir gemacht!«

Ich nehme an, falls ich wirklich derart gut bin, werde ich meine Ergebnisse unter Umständen doch teilen wollen …

Ich komme am Pflegeheim vorbei, aber der Spieleraum ist leer. Vermutlich sind die Bewohner alle bereits zu Bett gegangen, denn für gewöhnlich winken mir die Grannys und Grandpas immer zu, wenn sie mich sehen, und aus irgendeinem Grund rufe ich dann jedes Mal laut »Sag Hallo, Philip!«, als könnte er verstehen, dass die Rentner uns grüßen. Manchmal bringe ich ihn dazu, seine Pfoten oben auf die Mauer zu legen und darüberzugucken, damit die Senioren begreifen, dass ich einen Hund habe und nicht etwa Selbstgespräche führe oder irgendetwas Komisches treibe – mit einem Frettchen Gassi gehe, zum Beispiel.

Ohne Witz, ich *bin* schon einmal jemandem mit Frettchen

an der Leine begegnet, und mein Status-Update dazu hat Likes ohnegleichen abgesahnt. Sogar von »Freunden«, mit denen ich offline eigentlich gar nicht befreundet bin.

Ich komme am Laden vorbei und überlege kurz, hineinzuspringen und mir einen Energydrink oder einen dieser zusammengematschten Frucht-Nuss-Riegel zu holen, die Juliet immer isst, wenn sie »gesundheitsbewusst« sein will. Juliet ist meine Tante; sie ist dreißig und total cool. Ich frage mich, ob sie laufen geht. Eine Menge Lycra trägt sie jedenfalls. Vielleicht bitte ich sie demnächst mal um Tipps oder schlage ihr vor, gemeinsam eine Runde joggen zu gehen, und anschließend kann sie mir in der Bar ihres Fitnessclubs einen Smoothie spendieren. Im Studio ist sie definitiv oft, postet aber auf Instagram immer bloß den Superfoodsalat, den sie nach dem Training gegessen hat, und nicht ihr eigentliches Workout.

Jedenfalls: Gleich bin ich an all den Häusern mit schicken Namen vorbei – eines nennt sich Dunthwaite Holme, ein anderes Tamarisk Lodge und das nächste bloß Scruples. Ich wette, Scruples gehört irgendwelchen irre reichen Leuten, die einen totalen Dachschaden haben, weil die Bezeichnung nach einem Hund oder einer Frisur klingt, nicht nach einem Herrenhaus. Setzt man den Hausnamen mit auf den Umschlag, wenn man den Bewohnern schreibt? Sagt man ihn dazu, wenn man ein Taxi dorthinbestellt?

Die Kurve hinter der letzten Villa biegt in die Gasse ein, die ich entlanglaufen werde. Und wieder zurück. Ungefähr zehn Mal. Aufgepasst!

Ich gehe nicht aufs Knie, als würde ich aus einem Startblock antreten oder so, aber ich imitiere diese federnde, zurücklehnende Bewegung, die die ganzen dürren Olympioniken immer machen, und sprinte dann los.

Das.

Ist.

Der Wahnsinn!

Ich fliege diese Gasse hinunter. Ich bin so was von leichtfüßig! Wer hätte das gedacht?!

Philip ist ebenfalls begeistert. Er grinst mich mit Herzchen in den Augen an. Und seine Beine kreuzen sich beim Rennen fast unter dem Körper.

Wir sind Rennmaschinen. Das ist *wirklich* exakt das, wofür unsere Körper gemacht sind!

Zehn Runden schaffen wir locker innerhalb von ein paar Minuten. Eventuell auch zwanz-OH-AAAUUUU-WAS-ZUM-KUCKUCK-GEHT-HIER-IN-MIR-VOR-MEINE-LUNGEN-STEHEN-IN-FLAMMEN!!!

ICH KANN MEINE LUFTRÖHRE SPÜREN! SIE GLÜHT! SIE BRENNT! MEIN KOMPLETTER ATEMAPPARAT EXPLODIERT GLEICH!

Das Schaubild aus meinem Biologiebuch taucht vor meinem geistigen Auge auf: Nase und Ohren und Mund, allesamt mit blauen und roten Linien verbunden, die sich den Hals hinunterschlängeln und dann in winzigen Verästelungen beide Lungenflügel durchwurzeln, und deshalb BREITET SICH DAS FEUER SO RASANT DURCH MEINEN GANZEN KÖR-

PER AUS. Natürlich bleibe ich erst einmal stehen, um mich besser aufs Sterben konzentrieren zu können. Ich lehne mich an einen Zaun und atme in übertrieben tiefen, abgehackten Zügen. Zwinge Luft in meine blauen Linien. Oder sind es die roten? Wieso habe ich nichts zu trinken mitgenommen? Ich bin SO ausgedörrt. Atmen atmen japsen japsen atmen. Atmen. Aaaatmen.

Nachdem ich ein paar weitere Male mühsam Luft geholt habe, spüre ich, wie mein Puls sich beruhigt. Ich schiele zu Philip hinunter, der mich aufrichtig verwirrt anschaut. Dann spähe ich umher, um sicherzugehen, dass niemand meinen kleinen Zwischenfall soeben mitbekommen hat. Wie ich beinahe krepiert wäre, und das vermutlich auch noch selbst verschuldet.

Die Luft ist rein. Ich drehe mich um und mache mich schlurfend auf den Heimweg. Hoffentlich fühlt mein Gesicht sich nicht mehr so verbrannt an, bis wir in die Zivilisation zurückkehren.

Das Glück ist nicht auf meiner Seite. In weniger als dreißig Sekunden bin ich wieder auf Höhe der schnieken Häuser, wo Mrs Thornwoodwaitington Palace im Garten gerade ihre Bodendecker gießt. Ich werfe einen Blick zurück in die Gasse, um zu sehen, wie weit ich »gerannt« bin.

Nicht mal bis zur zweiten Straßenlaterne habe ich es geschafft.

Niemand bemerkt, dass ich dunkelrot und deprimiert zu Hause eintrudele. Philip springt auf direktem Weg durchs

Haus in den Garten, als wäre unsere Gassitortur bloß eine Aufwärmübung für eine Spielrunde gewesen. Vergiss es, Phil, ich marschiere schnurstracks ins Bett.

[Privat]

Alice Daly-Donne 

stirbt vor Scham.
Und Zehenschmerzen.

Meine geliebten Vans haben die Haut an meinem großen Zeh wund gescheuert. Ich bin mir ziemlich sicher, dass ich nur noch einen feuchten Stumpf vorfinden werde, wenn ich die Schuhe ausziehe, abgeschmirgelt von meinen Old Skools. Merke: Beim nächsten Mal richtige Laufschuhe anziehen.

Moment.

Es gibt ein nächstes Mal?

Lena Singleton

hasst das Mittwochs-Weckritual.

Der Wecker blinkt »SPRINT!«, und Dad meint, das bedeutet, dass ich »wie ein geölter Usain Bolt aus dem Bett hechten« soll. Es ist 5.30 Uhr.

Tatsächlich nur eine Stunde früher, als ich an jedem sonstigen Wochentag aufstehe, aber gefühlt eine komplett andere Zeitzone. Die Schlummertaste drücke ich allerdings nie. Das würde die ganze Sache bloß noch schlimmer machen.

Dad erwartet mich am Küchentisch mit einer Banane und einem Lied auf den Lippen: »The sun has got his hat on. Hip-hip-hip-hooray.« Dad hat ebenfalls seine Kappe auf. Und ich trage meine Muss-das-wirklich-sein?-Miene im Gesicht. Mein Dad und ich, wir sind nicht aus demselben Holz geschnitzt. Ich glaube, ich habe *ein einziges Mal* erwähnt, dass ich gern meine Sprintstarts verbessern würde, und Dad hat sich daraufhin dieses absurde wöchentliche Ritual einfallen lassen. Immer mittwochvormittags zieht er sein eigenes Training durch, und er hat beschlossen, dass er früher damit loslegen und mich mitnehmen könne, wenn es mir denn wirklich ernst mit dem Laufen sei. Ich schätze, ich habe vor allem zugesagt, weil ich annehme, dass es *ihm* ernst mit meiner Lauferei ist; seither jedenfalls ziehen wir diese Routine durch. Jede Woche. Ob Regen oder Sonnenschein oder Periodenschmerzen.

Wir gehen zu Fuß hinüber zur Tartanbahn. Unser Garten grenzt an den Park, somit sind wir bei zügigem Spaziertempo in ein paar Minuten dort und gleich auch schon aufgewärmt. Auf der Bahn starten wir mit einer lockeren Laufrunde, um unseren Rhythmus zu finden. Manchmal unterhalten wir uns dabei über alles mögliche andere, was an diesem Tag noch ansteht. Dad ist Personal Trainer und hat normalerweise vormittags immer Klienten – außer mittwochs. Zusätzlich betreut er den örtlichen Laufclub.

Sobald wir wieder an der Startlinie stehen, begeben wir uns in Position. Dabei muss ich jedes Mal lachen. Ich ahne, dass Dad mich angrinst. Tadelnd mit dem Zeigefinger wedelt und mir mit Bolt-Geste bedeutet, mich zu beruhigen.

Auf die Plätze.

Fertig.

LOS!

Wir stoßen uns ab und geben Vollgas bis zur Einhundert-Meter-Linie. Schwingende Arme, trommelnde Beine. »Längere Schritte, und nicht vor dem Ziel abbremsen.« Es ist schwer. Es tut weh. Dad schlägt mich spielend, jedes Mal, aber das tut nichts zur Sache. Er rennt gegen sich selbst. Und ich renne gegen mich, natürlich. Sobald wir wieder langsamer werden, wenden wir und kehren an den Start zurück.

Auf die Plätze.

Fertig.

LOS!

Folter.

Das Ganze acht Runden am Stück. Jedes Mal soll ich alles, was ich habe, in den Sprint legen. »Denn genau darum gehts ja beim Sprinten – spar dir nichts auf.« Dad meint, indem ich eine Minute später direkt wieder loswetze, überrumpele ich mich selbst. Das liebt er so am Rennen. Er sagt, dass er sich unheimlich stark fühlt, wenn ihm klar wird, er ist in der Lage, noch allerletzte Reserven zu mobilisieren. Dass er sich stolz fühlt.

Ich fühle mich wie durchgekaut und ausgespuckt.

Aber nach acht grausamen Sprints drehen wir nur noch eine letzte lockere Runde um die Bahn und schlagen anschließend den Heimweg ein. Ich bin erleichtert, dass die Tortur hinter mir liegt, und schließlich doch froh, unser Training durchgezogen zu haben. »Du bist ein guter Coach, Dad.« Jedes Mal nach unseren Einheiten ist er so glücklich und entspannt, dass er redet wie ein Wasserfall. Er macht mir Toast und Eier oder manchmal Pfannkuchen. Er bringt mich zum Lachen.

Alice Daly-Donne

findet, es gibt zu viele Podcasts und zu wenige ~~Stunden pro Tag.~~ Ohren pro Kopf

Ich bemühe mich nach Kräften, nicht an mein albtraumhaftes »Lauf«-Erlebnis von gestern Abend zu denken, aber das gestaltet sich schwierig, weil ich längst geradezu besessen von der Vorstellung bin, es ein zweites Mal zu versuchen. Ganz bestimmt ist meine Erinnerung verzerrt; so schrecklich kann es gar nicht gewesen sein. Ich hätte mit Sicherheit noch länger durchgehalten. Ich muss mich lediglich ein wenig mehr anstrengen. Und andere Schuhe anziehen. Daran wird es vermutlich gelegen haben. An den coolen Turnschuhen. Sie haben mir alles verdorben, mit ihrer klobigen flachen Sohle. Ich hatte ja keinerlei federnde Dämpfung oder Luftpolster und meine Socken waren überhaupt nicht atmungsaktiv, sondern bloß ganz gewöhnlich und aus Baumwolle mit Lamamotiv. Kein Wunder, dass es nicht geklappt hat!

Jodie und Caro warten in der Mittagspause auf mich. Wir nehmen unsere Lunchpakete mit nach draußen und suchen uns auf der Wiese ein Fleckchen, wo wir uns ein wenig ausbreiten können. Caro hat immer die leckersten Sachen dabei und teilt großzügig, daher biete ich mein Schinken-Sandwich als Einsatz und bekomme dafür von ihr ein wenig Couscous mit sonnengetrockneten Tomaten und eines ihrer Kräuterfeta-Täschchen. Lecker. Die zwei unterhalten sich über irgendetwas, das in einem ihrer gemeinsamen Kurse passiert ist, den ich nicht belegt habe. Ein paar Jungs lärmen und ringen ziemlich nervig mitten auf dem Feld. Wir schauen ihnen zu, mehr oder weniger, aber eher so, wie die Römer früher ihren Gladiatoren zugesehen und insgeheim gehofft haben, dass alle Beteiligten verletzt werden. Die Mädels lachen, als wären die Jungs richtig lässig und originell, und sie flüstern, als würde es irgendjemanden scheren, was sie sich zu sagen haben.

Zu Beginn der Highschool habe ich entschieden, dass ich mich von *all so was* einfach fernhalten würde, und irgendwie ist mir das bisher tatsächlich recht gut gelungen. Okay, ich weiß, ich bin berüchtigt für meine Körpergröße, aber ich werde nicht als Streberin gemobbt, weil ich Freunde jenseits der Superhirne habe. Ich muss mir keine Gedanken darüber machen, ob meine Augenbrauen genau die richtige Stärke haben, und verbringe auch nicht jeden Nachmittag der Woche beim Netball mit den Ponys – mein heimlicher Spitzname für die Spielerinnen, die alle eine gewisse Ähnlichkeit mit Ponys haben und außerdem ausnahmslos immer Pferdeschwanz tragen. Stattdessen lasse ich mich einfach mal hierhin, mal dorthin treiben und finde das – ganz ehrlich – ziemlich entspannt so. Keine Ahnung, warum das Highschool-Leben im Fernsehen immer so dramatisch dargestellt wird. Mir gefällts im Grunde ganz gut.

Nach der Mittagspause habe ich eine Doppelstunde Kunst, was immer recht vergnüglich ist. Ich sitze neben meinem Superhirn-Kumpel Jacob Porter. Er ist zum Brüllen komisch. Allerdings gibt es zwei Jacobs. Der Andere Jacob sitzt auf der gegenüberliegenden Seite des Klassenraums und schaut aus dem Fenster. Soweit ich das anhand seines Hinterkopfs beurteilen kann, ist er weniger witzig als Jacob Porter. Er hat allen Ernstes von Natur aus Haare schwarz wie Ebenholz. Wie Schneewittchen. Ich stelle mir vor, wie er zusammen mit Waldtieren den Abwasch macht und abends ein paar Lieder mit einem Haufen Zwerge trällert.

Wir arbeiten alle an unserem Halbjahresprojekt, daher dürfen wir im Unterricht Kopfhörer aufziehen. Fantastisch. Ich liebe das, weil ich so endlich Gelegenheit habe, vernünftigen Sachen wie Podcasts oder Hörbüchern zu lauschen, ohne dass meine kleine Schwester mir alle zwei Minuten einen Stöpsel aus dem Ohr reißt, um mich zu fragen, was ich jetzt gerade höre.

Ich bin nicht besonders gut in Kunst, meine Ideen sind definitiv besser als die Ausführung, aber ich mag den Unterricht, weil die Stunden so still und friedlich sind. Ich frage mich, ob Erwachsensein sich wohl so anfühlt. In einem Büro arbeiten; einfach seine Aufgaben erledigen und dabei mit Kopfhörern die Welt ausblenden. Klingt für mich gar nicht so übel. Schließlich gibt es jede Menge lohnender Hörangebote da draußen.

Am Ende der Stunde spüle ich meine Palette und die Pinsel am Waschbecken aus. Der Andere Jacob kommt herüber und leert seine Bleistiftspäne in den Mülleimer. Seine Hände und Ärmelaufschläge sind grau beschmiert. Auf dem Rückweg zu meinem Platz spähe ich verstohlen nach seiner Arbeit. Das Bild ist düster und verwischt und ich kann beim besten Willen nicht erkennen, was es darstellen soll. Ich schaue genauer hin. Vielleicht hat er sich an einem dieser Kunstwerke im Stil von *Das magische Auge* versucht – die, die man anstieren muss, bis die eigenen Augäpfel zu kribbeln anfangen, auf denen man dann aber plötzlich einen Zug sieht oder einen Hai, der aus dem Papier springt, um einen in die Nase zu beißen. Ich mache einen Schritt rückwärts, falls das hilft, und trete jemandem auf die Zehen. Dem Anderen Jacob. Natürlich. Höchstwahrscheinlich wird er meine Aktion nicht lustig finden. Ich schiele zu ihm hoch, und meine kribbligen Augäpfel fangen ein bisschen an zu tränen. Vermutlich glaubt er jetzt, sein zwielichtiges Kunstwerk hat mich zu Tränen gerührt. Ich brauche einen kurzen Moment, um meine Augen zu beruhigen und auf sein Gesicht scharf zu stellen. Seine Haut ist … so weiß wie … Schnee. Der Farbton seiner Lippen erinnert mich an rote, rote Rosen – okay, im Grunde sind sie ganz normal lippenrosa, aber er ist eben eher blass und überhaupt … irgendwie … echt … süß.

Jetzt starre ich bereits zu lange, sodass meine Augen erneut zu prickeln beginnen. Ich flüchte mich in eine betont gleichgültige Haltung, summe eine kleine Melodie und schlendere zu meinem Platz zurück.

… Die Melodie gehört zu *Someday My Prince Will Come.* *KopfaufTischplatteschlag*

Lena Singleton

hat Lust auf große Sprünge!

Wir verbringen unsere Mittagspause damit, den Jungs zuzuschauen. Aimee, Nikki und Tasha haben sich bereits in Position gebracht. So nah, dass wir von außen betrachtet eindeutig zusammengehören. Weit genug entfernt, um trotzdem *über* sie reden zu können. Wir reden immer nur über sie. Wobei: Mit »wir« meine ich, dass Aimee redet und wir Übrigen dazu nicken. Tasha knuspert ein paar Skittles, aber ich brauche etwas Richtiges in den Magen. Besonders mittwochs. Bis zur Mittagspause bin ich am Verhungern, aber nur Nikki erklärt sich bereit, mich in die Mensa zu begleiten. »Ich hole mir was zu trinken«, sagt sie. Ich weiß, dass sie auch Pommes nehmen wird und das bloß vor Aimee nicht zugeben will. Ich besorge mir ebenfalls Pommes. Und Lasagne, einen Salat, einen Apfel und ein Twix. »Aber du kannst es dir auch erlauben«, meint Nikki, doch eigentlich spricht Aimee aus ihrem Mund – Aimee, die die Mädels davon überzeugt hat, dass Essen etwas Böses ist.

Aimee und ich sind schon seit der Vorschule befreundet.

Nikki und Tasha haben wir dazugenommen, als wir gemeinsam auf die Highschool gewechselt sind. Ich schätze, Aimee hatte das Gefühl, wir sollten uns eine größere Clique zulegen oder so. Mir war es recht. An warmen Abenden chillen wir zusammen im Park oder am Strand. Immer da, wo die Jungs sind. Die Leichtathletik bietet mir manchmal eine gute Ausflucht. Ich meine: Wir haben Spaß, aber ich will nicht jeden Abend bloß Zuschauerin sein. Ich kapiere nach wie vor absolut nicht, wie es sich ergeben hat, dass wir immerzu nur passiv sind. Am blödesten ist, dass ich in Geschichte – direkt vor der Mittagspause – neben Sebastian Edwards sitze. Wir quatschen die ganze Stunde lang, und danach gehen wir raus, jeder schließt sich seiner Truppe an und wir vermeiden praktisch jeglichen Blickkontakt. Ich vermute, dass Aimee Sebastian »mag«. Tasha »mag« Max. Aimee hat entschieden, dass ich Lewis mögen sollte. Ich »mag« Lewis nicht. Nicht so. Wer ist überhaupt Lewis?

Heute habe ich nach dem Unterricht Leichtathletiktraining. Das ist zwar etwas anderes als der Laufclub, den mein Dad betreut, aber er erkundigt sich jedes Mal, was wir machen. Er erwartet von mir, die Beste zu sein, weil er stets der Beste war, auch wenn bei uns die Genetik keine begünstigende Rolle spielen kann. Ich bin besser als durchschnittlich, weil ich hart trainiere, aber ich bin keine Minnie Michaels. Sie ist diejenige, der das Laufen im Blut liegt. Sie schlägt mich locker, ein ums andere Mal. Jedes Mal. Bei ihr wirkt es völlig mühelos. Sie ist wie mein Dad: Sie fliegt.

Und sie ist auch der Grund dafür, dass ich bei den Bezirksschulmeisterschaften nicht in Dads Lieblingsdisziplin – über die einhundert Meter – an den Start gehe.

Ich darf die vierhundert Meter laufen, weil der Coach unseres Leichtathletikvereins einer von Dads Klienten ist, aber mir ist völlig klar, dass Minnie mich auch auf dieser Distanz schlagen könnte. Dad meint, ich muss bloß weiter üben, dann wird das schon.

»Häng dich rein«, sagt er.

Halt dich raus, denke ich.

Für Minnie hat Sprinten derzeit zum Glück keine Priorität. Ihr Fokus liegt in diesem Jahr auf Netball. Angeblich soll sie die beste Spielerin sein, die unsere Schule je hervorgebracht hat. Angeblich gut genug für eine Profikarriere. Angeblich das einzige Gesprächsthema in der Szene überhaupt.

Dad holt mich ab, und ich will nicht, dass er mich zeitgleich mit Minnie auf der Tartanbahn erlebt, deshalb haste ich hinüber zur Sprunggrube. Vielleicht kann ich die Beste im Dreisprung sein oder so.

Minnie Michaels

sieht den Halbfinalsieg am Horizont (LET'S GO, GIRLS!)

Ich schaue mir zusammen mit Daniel und seinen Eltern einen Film an. Auf meinem Handy trudeln in einem fort vibrierend WhatsApp-Nachrichten meines Netballteams ein. Die Mädels quatschen über das große Match nächste Woche. »Unser« großes Match, auch wenn Captain Bella meint, es sei *mein* GROSSES Match. G-R-O-S-S in Großbuchstaben, weil die Bezirksscouts vor Ort sein werden. Das ist lieb von ihr, zumal ich sicher bin, dass sie genauso unter Beobachtung stehen wird, doch ich lenke die Unterhaltung rasch in eine andere Richtung und prophezeie allen, wie viel Spaß wir gemeinsam im Bus haben werden. Auf die Fahrt freut sich im Grunde jeder am meisten. Auf McDonald's und das Singen und die Selfies. Bella holt sich jedes Mal eine große Portion Chicken McNuggets mit einer kleinen Portion Chicken McNuggets als Beilage. Sophie, unsere Torfrau, schickt das Video von Bellas McNugget-Show herum, und die nächsten sechs Reaktionen bestehen ausschließlich aus Emojis und Lachflash-GIFs.

Bella und Sophie sind die einzigen Mädels im Clubteam, die zugleich auch auf meine Schule gehen. Wir alle spielen parallel auch für die Schulmannschaft, aber die Clubgeschichte ist die eigentlich wichtige Angelegenheit. Hin und wieder richtet der Verein gesellige Veranstaltungen aus, die ich allerdings eher selten besuche. Die Mädels ziehen mich dafür auf, aber bloß scherzhaft. Liebe alle-außer-Minnie, die es mal wieder nicht schaffen wird: Wie wäre es dieses Wochenende mit einem gemeinsamen Ausflug ins Kino/ins Einkaufszentrum/in den Park nach dem Training? Ich schaffe es nicht, weil ich stets bereits Pläne mit Daniel habe. Ich weiß, Freundinnen sollten vor Freunden kommen, aber die Mädels sind für mich in erster Linie lediglich »das Team«. Ich schätze, eine beste Freundin hatte ich auch vor Daniel gar nicht wirklich, somit hat er niemanden verdrängt, als er dann da war. Das Team versteht mich, die Mädels witzeln lediglich darüber und verraten mir dann unter vier Augen, dass sie sich insgeheim nach einer Beziehung wie meiner sehnen. Ich antworte darauf jedes Mal: Na, das könnte doch was werden mit [Name des jeweiligen Schwarms], aber ob ich das wirklich glaube, ist die andere Frage. Jede Menge Leute aus der Schule behaupten, sie seien mit jemandem zusammen, doch soweit ich das beurteilen kann, unternehmen diese Pärchen eigentlich niemals etwas gemeinsam. Ich bin jedenfalls davon überzeugt, dass ich mit Daniel etwas ganz Besonderes habe.

Der Film endet damit, dass der Junge und das Mädchen wieder zusammenkommen – nach einer Reihe dramatischer Irrungen und Wirrungen, die vermutlich vermeidbar gewesen wären, wenn die zwei bloß anständig miteinander geredet hätten. Es gab ein paar Heulszenen, einen Regenspaziergang in der Mitte und diese Montagen glücklicher und trauriger Zeiten, um deutlich zu machen, wie viel Zeit vergangen ist. Solche Filme langweilen mich immer ein bisschen. Ich weiß, wie sie enden, und ganz ehrlich: Auf den Mittelteil könnte ich verzichten. Ich will die Gewissheit, dass das Pärchen zusammenbleibt, aber ich habe keine Lust auf den ganzen Stress zwischendurch, der mir das Gefühl geben soll, sie schaffen es nicht. Vermutlich würde so etwas keinen besonders spannenden Film abgeben, aber: Gibt es nicht auch die Beziehung, die einfach funktioniert und in der niemand sein Flugzeug verpasst oder einen Brief liest, der für jemand anders bestimmt war, oder beim Überqueren der Straße überfahren wird? Ich frage aus Eigeninteresse …

Daniels Eltern machen sich eifrig daran, unsere Tassen und Snacks wegzuräumen, damit wir Gelegenheit haben, uns ungestört voneinander zu verabschieden. Allzu viel Zeit gewähren sie uns allerdings nicht.

»Bist du sicher, dass ich dich nicht nach Hause bringen soll?« Daniels Lächeln umspannt ganze Kontinente.

»Geh und mach deine Hausaufgaben!«, sage ich. Wenn er mich auf dem Heimweg begleitet, verbringen wir an meiner Haustür eine weitere halbe Stunde mit unserer Verabschiedung, und ich achte immer mit einem Auge darauf, Daniels Schularbeiten nicht in die Quere zu kommen. Er wird an einer Elite-Uni studieren. Seine Abschlussprüfungen schafft er mit links, aber er muss im Unterricht am Ball bleiben, und er lässt sich leicht ablenken. Besonders von mir. Das habe ich seine Mum einmal sagen gehört.

»Hausaufgaben! Jetzt!«, wiederhole ich, ihr zuliebe. Sie ist inzwischen aus der Küche herbeigeschlendert, um sicherzugehen, dass wir uns noch immer in jugendfreiem Territorium befinden.

»Gute Nacht, mein Girl«, sagt er mit einem Zwinkern.

»Gute Nacht, mein Boy«, rufe ich über die Schulter, schon auf dem Weg durch den Vorgarten. Hinter mir fällt die Tür ins Schloss, und ich schließe das Gartentor. Dann ziehe ich mein Handy hervor, noch ehe es von der eingehenden Nachricht vibriert. Denn ich weiß, dass das passieren wird.

DANIEL: Ich liebe dich, mein Girl.

Ich lächele auf das Display hinunter, als hätte ich sein süßes Gesicht vor mir, und im selben Moment werde ich beim Überqueren der Straße von einem Fahrzeug erfasst.

[Privat]

Alice Daly-Donne

wagt einen zweiten Versuch.

Ich stehe vom Esstisch auf und nicke Philip vielsagend zu. Er hat keine Ahnung, was ich von ihm will, also setzt er sich auf und wedelt mit dem Schwanz und winselt. Aufgeregt und verwirrt und frustriert, alles auf einmal. Ich auch, Kumpel. »Ich führe ihn aus, okay?«, meine ich beiläufig und räume dabei ein paar leere Teller weg.

»Mmmhmm«, murmelt Mum, während sie die Fischstäbchen, Pommes und Erbsen zusammenklaubt, die Clara auf den Teppich befördert hat. Ich muss unbedingt daran denken, nachzuschauen, ob Ketchup in meinen Zöpfen klebt.

»Geh und warte an der Tür, Phil, ich schnappe mir bloß schnell ein Paar Schuhe«, sage ich, in genau jener Manier, in die eindeutig schuldige Leute verfallen, wenn sie ihr falsches Alibi vorbringen. Dabei ist das nicht einmal eine Lüge. Ich hole tatsächlich Schuhe, bloß eben nicht meine eigenen. Mums federnde Zumba-Sneakers sind nur eine halbe Nummer zu groß, aber das kompensiere ich, indem ich Dads dicke Fußballsocken trage. Mag sein, dass deren Ferse mir auf halber Höhe der Wade hängt, aber ich bin fest davon überzeugt, die Hightech-Fasern werden mich schneller rennen lassen. Zusätzlich habe ich noch Kotbeutel (für Philip – ich bin ja nicht Paula Radcliffe!) und mein Handy in einer Jackentasche und eine Wasserflasche in der anderen. Genau genommen ist es einer von Claras kleinen Nuckelbechern mit ausklappbarem Trinkhalm, aber einen Liter Evian würde ich nun mal schwerlich in meiner Fleeceweste unterbringen.

Wir machen uns auf den Weg, dasselbe Ziel im Sinn wie zuletzt. Philip scheint begriffen zu haben, wie mein Plan aussieht. Für so etwas hat er ein Gespür. Als wir an Scruples vorbeikommen, fangen meine Nerven zu flattern an. Ich habe mich selbst felsenfest davon überzeugt, dass mein erster Versuch lediglich ein schlimmer Traum war und dieses Mal katastrophal anders wird. Im Sinne von: keine Katastrophe und keine Brandherde in irgendwelchen Körperteilen.

Ich fange langsam an. Ganz langsam. Vermutlich könnte man es einfach Gehen nennen, aber das gibt es inzwischen schließlich auch als olympische Disziplin, also handelt es sich definitiv um Sport. Ich konzentriere mich völlig darauf, warum ich das hier tue. Wie ich die Kontrolle über meinen Körper zurückerobern will, im besten Fall zusammen mit der Fähigkeit, Britney Spears zu genießen. Im Stechschritt marschiere ich an drei Straßenlaternen vorbei und jogge dann zur vierten.

Ich *werde* stärker als gestern sein: »stronger than yesterday«. Ich renne weiter, bis zur fünften Laterne. Auf dem Wegstück zur sechsten verwandele ich mich wieder in einen Feuer speienden Drachen. Vielleicht leide ich an Asthma? Allerdings bin ich diesmal mit Wasser gerüstet, und ich trinke hastig ein paar große Schlucke und verlege mich dann tapfer wieder aufs zügige Gehen. Ein erstes Seitenstechen meldet sich. Ich habe mich immer gefragt, woher diese Bezeichnung rührt; jetzt ist alles klar. Es fühlt sich an, als würde jemand einem eine riesige Nadel in die Rippen piken und sie zusammennähen, sodass man nicht mehr atmen kann.

Ich eile unermüdlich weiter zu Laternenpfahl Nummer sieben und acht und irgendwann wird mein Stechschritt zu einem Hinkeschritt und schließlich bleibe ich einfach stehen. Alter Schwede, das tut weh! Ich kippe mehr Wasser hinunter, und schon ist die Flasche leer. Wieso sieht Jessica Ennis-Hill nie aus, als wäre sie innerlich ausgetrocknet? Wie kann Laufen so schwer sein? Wieso setzen sich derart viele Leute einer solchen Marter freiwillig aus? Allmählich bin ich empört. Das Ganze erscheint mir immer mehr wie eine Art Verschwörung. Ich spüre, wie mein Gesicht brennt. In der Ferne höre ich beinahe Sirenengeheul. Mein Atem geht absurd schnell. Ich stehe unter Schock. Ganz bestimmt sind die Rettungskräfte zu mir unterwegs. Jemand muss mich beobachtet haben, wie ich hier zusammengeklappt bin, und hat dann einen Notruf abgesetzt. Fast fühlt sich das absolut gerechtfertigt an, bis ich mich um die nächste Ecke schleppe und Zeugin eines echten Notfalls werde. Der Anblick eines Mädchens, das mitten auf der Straße liegt, holt mich brutal zurück in die Welt, in der es noch andere Menschen außer mir gibt. Jemand ist verletzt, und dieser Jemand bin nicht ich.

Ich nehme die Szene in mich auf, während ich hinüberjogge (!), um mich zu erkundigen, ob ich helfen kann. (Womit? Keine Ahnung.) Aus irgendeinem Grund bringe ich es nicht über mich, dem Mädel am Boden ins Gesicht zu schauen, und durchforste stattdessen die Mienen der Umstehenden, unter denen ich zu meiner Überraschung jemanden entdecke, den ich kenne. Mein beinahe normal großer Superhirn-Kumpel, Australien-Daniel. So sieht er also aus, wenn er mal nicht von Ohr zu Ohr grinst. Und damit ist das Mädel auf der Erde wohl meine Fake-Freundin vom Fototermin, Minnie Maus.

»Ich habe keinen Schimmer, was hier gerade gebraucht wird, aber kann ich irgendetwas tun?«, frage ich, vor allem, um mich selbst von den Gaffern abzugrenzen – zum Beispiel der alten Nachbarin, die ihre neugierige Nase gerade über die Gartenmauer schiebt. Komm wenigstens aus dem Tor, Granny.

Australien-Daniels Augen huschen kurz zu mir, aber er erkennt mich nicht oder schert sich im Augenblick nicht darum, wer ich bin. Verständlich. Die Leute, die offenbar seine Eltern sind, treten vor, und Vermutlich-Daniels-Mutter sagt: »Danke, Liebes, aber der Krankenwagen ist schon unterwegs.« Und in diesem Moment weiß ich mit Sicherheit, dass sie Daniels Mum ist, weil sie klingt wie Mama Känguru aus *Peppa Wutz*. (Clara schaut die Serie, okay?)

»Ich gehe mit Daniel und Minnie zur Schule«, ergänze ich, bloß um noch deutlicher meine nichtstalkerischen Absichten zu betonen, und im nächsten Moment – wahrscheinlich, weil Daniel sie bereits abgewehrt hat und sie so aufgewühlt ist – schließt Mama Känguru mich stürmisch in die Arme.

»Ach, Schätzchen, komm her, das wird schon wieder, ganz bestimmt«, flüstert sie über meinen Scheitel.

Sie gibt mich frei und ich ziehe mich einen Schritt zurück und hoffe, dass Daniel nicht ausgerechnet in diesem Moment auf die Idee kommt, »Mum, genau genommen kenne ich diese junge Dame kaum« zu sagen. Dann bringe ich mich dazu, hinzuschauen.

Zu Minnie, auf der Straße. Jemand hat sie in die stabile Seitenlage gebracht, und ich bin erleichtert, dass ich nicht die Erste am Unfallort war. Insgeheim nehme ich mir fest vor, später noch einmal nachzuschauen, wie man das macht. Minnie wirkt, als würde sie schlafen, und ich starre sie so lange an, bis ich mir mit eigenen Augen Gewissheit verschafft habe: Kein Zweifel, sie atmet. Daniel kauert mittlerweile über ihr und sein Dad wiederum über ihm. Eine Kette beruhigender Armrubbeleien, und ich bin kurz davor, Mama Känguru über den Arm zu streichen, als der Krankenwagen um die Ecke gesaust kommt.

Türenschlagen und Stimmengewirr reißen mich aus meinen Gedanken; in Grün und Neongelb gewandete Rettungssanitäter bedrängen Daniel mit Fragen und der Ärmste tut sein Bestes, sie zu beantworten und seine eigenen loszuwerden und in den Wagen zu klettern und sich die Tränen aus den Augen zu wischen. Papa Känguru erinnert sich wieder an mich und dreht sich zu mir um.

»Danke, Liebes«, sagt er anstelle einer Verabschiedung.

Ich schlurfe nach Hause, und auf dem kompletten Heimweg geht mir das Bild von Minnie auf dem Asphalt nicht aus dem Kopf. Die zarte Minnie Maus, wie sie in diesem Krankenwagen liegt. Sie ist eine Art Sportstar. Ich wette, sie geht ständig laufen. Vielleicht wollte sie gerade zu ihrer allabendlichen Joggingrunde aufbrechen, und das kann sie jetzt nicht. Was ist meine Ausrede? Ich bin es mir selbst – und nun auch Minnie – schuldig, diese Sache auf die Reihe zu kriegen. Wenn es einen geheimen Schlüssel zum Lauferfolg gibt, dann muss ich ihn bloß finden …

Okay, Google Wie lerne ich laufen?

GREGAN VALE NETBALLCLUB
VS.
BARTON BELLES NETBALLCLUB

Bezirkshalbfinale

Samstag, 13 Uhr, Stanley Park Court 2

LOS, MÄDELS, IHR PACKT DAS!

TEIL 2

VERFOLGUNG

Lena Singleton

ist ja wirklich keine Tratschtante, aber …

Die Hauptschlagzeile ist, dass Minnie Michaels angefahren wurde. Mehr weiß bisher niemand. In jedem Gang höre ich unterschiedliche Auslegungen: Sie hat sich das Genick gebrochen. Sie ist hirntot. Sie humpelt. Ihr geht es bestens. Ich wünsche wirklich keinem eine ernste Verletzung, aber die Geschichte mit dem Humpeln wäre nicht SO übel …

Aimee schert sich nicht im Mindesten um Minnie Michaels' Unfall: »Prinzessin Minnie – buuhuu!« Wir stehen einfach auf dem Schulhof herum und beobachten die Leute, als meine andere Fake-Freundin vom Fototermin an uns vorbeiläuft.

»Nikki, was hältst du von Big Alice' Figur?«

Aimee stellt die Frage ganz beiläufig, aber es fühlt sich an, als hätte sie den Stift aus einer Granate gezogen. Die Stille ist geladen. Ich balle meine Zehen zusammen, weil bereits klar ist, wie die Sache für Nikki ausgeht. Aimee hat längst entschieden, was sie über Alice' Figur denkt, und jetzt muss Nikki ausknobeln, wie die korrekte Antwort lautet. Sagt sie etwas Positives, muss sie damit rechnen, Lesbe genannt zu werden. Kritisiert sie Alice' Figur, wird Aimee behaupten, dass niemand an unserer gesamten Schule eine bessere hat. Und dann vermutlich einen Weg finden, Alice zu stecken, dass Nikki sie angeblich fett findet.

Der andere Punkt: Nikki *ist* ein bisschen moppelig. Also hängt auch bereits ein Kommentar à la »Na, das sagt die Richtige« in der Luft.

Nikki schielt Hilfe suchend zu uns herüber.

»Ich wünschte, ich hätte so lange Beine wie sie«, höre ich mich sagen. Nikki entspannt sich sichtlich, und aus Aimees Augen feuern Laserblitze. »Dann würde ich Minnie Michaels endlich schlagen!«

Nikki lacht, vermutlich eher aus irrwitziger Erleichterung denn vor Erheiterung.

Aimee hakt sich schnaufend bei Tasha unter und steuert sie von uns weg. Im Gehen höre ich, wie sie murmelt: »Big Alice ist ein totaler Freak. Wie kann man so ein Aussehen bloß erstrebenswert finden?!«

Tasha lacht. Nikki wirkt den Tränen nahe, und ich merke, dass auch meine Augen kribbeln. Längere Beine würden mir nicht einmal dabei helfen, Minnie Michaels zu besiegen.

Minnie Michaels

Tja, meine Schulter ist gebrochen. Ein Radfahrer kam völlig lautlos Daniels Straße entlanggezischt, als ich gerade zwischen zwei parkenden Autos hervorgetreten bin. Er ist in mich hineingekracht, und jetzt trage ich den Arm in einer Schlinge, vielleicht für zwei Wochen, vielleicht für acht, abhängig vom Schmerz.

Positiv betrachtet: keine OP, keine Schrauben in der Schulter. Nicht einmal ein langer Krankenhausaufenthalt. Morgen sollte ich wieder daheim sein. Ich hatte eine leichte Gehirnerschütterung und andauernde Kopfschmerzen, aber heute geht es mir schon wieder ziemlich gut, deshalb wird das hier mit ein wenig Glück mein letzter Klinik-Nudelauflauf sein. Das Eis im Krankenhaus ist dagegen tatsächlich lecker. Gefroren kann man es allerdings nicht nennen; es ist eher ein winziger, schaumiger Vanille-Milkshake, den man mit einem Babylöffel isst. Daniel hat mir ein paar Trauben gebracht, in einer braunen Papiertüte (weil er in einem Cartoon mal gesehen hatte, dass man so etwas zu Krankenhausbesuchen mitnimmt), aber sie werden bloß auf meinem Nachttisch weich.

Das ganze Team hat mir traurige Emojis geschickt. Niemand hat die offenkundige Tatsache erwähnt, dass ich die restliche Saison nicht mehr werde spielen können. Dass ich die Scouts verpassen werde. Dass dieser blöde Bruch mich womöglich meine komplette Karriere kostet, bevor sie überhaupt angefangen hat. Alle sind peinlich genau darauf bedacht, nichts von alldem anzusprechen.

Außer dem Arzt. Der mir gesagt hat, dass meine Schulter bestens verheilen *sollte*. Ich sei schließlich jung und das Ganze eine glatte Fraktur und der bleibende Schaden *sollte* verschwindend gering sein. Ich müsse mir keine Sorgen darüber machen, dass ich *für den Rest meines Lebens* eine steife Schulter zurückbehalten könnte. Und das hatte ich auch nicht getan, bis er es aufgebracht hat. Überhaupt: Physiotherapie hilft *in sämtlichen derartigen Belangen*. Behauptet er. »In sämtlichen derartigen Belangen.« Belangen wie Schmerzen und Steifheit auf Lebenszeit. Belangen wie dem, dass all meine Pläne, die sich auf meine starke Schulter gestützt haben, gerade in sich zusammenstürzen? Er weiß nichts von Netball und Leichtathletik und der Kletterwand mit Daniel, daher verliert er kein Wort darüber, wann ich wieder Sport machen darf oder wie sich die Verletzung womöglich auf meine Leistungsfähigkeit auswirkt. Und ich wage nicht, danach zu fragen. Er meint: »Sobald die Schulter nicht mehr wehtut, wirst du sie ganz normal bewegen können.«

Wie bewegen normale Leute ihre Schultern?

»Hey, mein Girl.«

Daniel schlendert herein und ich breche in Tränen aus.

»Baby, nein! Was ist denn los?« Ich frage mich, ob er mich soeben zum allerersten Mal weinen sieht.

»Es ist bloß ... Netball!«, presse ich zwischen zwei Schluchzern mühsam hervor und heule dann so richtig. Wie ein Kleinkind. Wäääh. Ich will Netball spielen und kann nicht. »Das ist ... so ... unfair!«

Ich fasse es nicht, dass ich das laut ausgesprochen habe, aber es stimmt. Es ist unfair. Niemand hat Schuld. Niemand außer mir ist betroffen. Nichts, was ich tue oder sage, wird etwas an der Situation ändern. Ich habe nichts Falsches oder Schlechtes getan, um das alles zu verdienen (wenn man einmal von den simplen Kindergartenregeln zum Überqueren der Straße absieht). Es ist einfach ungerecht. Und ich werde mindestens für die nächsten zwei bis acht Wochen damit leben müssen.

Abhängig vom Schmerz.

[Privat]

Alice Daly-Donne

hat eine neue Freundin.

Sarah aus der Runtime-App wird mein Coach sein. Sie sagt, wenn ich mich an ihren Plan halte, werde ich in neun Wochen rund dreißig Minuten am Stück rennen können. Sarah sieht das alles unheimlich optimistisch. Sie ist schon jetzt stolz auf mich dafür, dass ich beschlossen habe, laufen zu wollen. Danke, Sarah.

Wir trainieren drei Mal in der Woche! Und sie meint, ich solle versuchen, mir zwischen den »Einheiten« stets »Ruhetage« zu gönnen. Wie eine echte Läuferin. Außerdem hat sie behauptet, ich brauche nicht in irgendwelche protzigen Laufschuhe oder Sportklamotten zu investieren, aber ich habe ein Paar sportliche Leggings bei Big Tesco gesehen, die gar nicht allzu teuer waren. Vielleicht gelingt es mir, sie nächste Woche in den Wagen zu schmuggeln. Schließlich sollte ich auch ausschauen, als ob ich es ernst meine, wenn ich ab sofort neun

Wochen lang drei Mal wöchentlich joggen werde. Ich bin richtig aufgeregt. Sarah traut mir das allen Ernstes zu!

Philip und ich sind auf dem Weg zu unserer Gasse. Hoffentlich begegnet uns diesmal kein Krankenwagen, weder für mich noch für irgendjemand anders. Rasch schicke ich Minnie Michaels ein paar gute Gedanken. Sarah werde ich einschalten, sobald wir am Startpunkt sind. Beinahe so, als wäre ich dort mit einer Freundin zum Laufen verabredet. Ach ja, meine beste Freundin Sarah und ich, wir laufen drei Mal in der Woche zusammen. Jep, hallo, Scruples. Hallo, Erzfeindgässchen und verschlagene Laternenpfähle, die ihr immer weiter zurückweicht, während ich auf euch zurenne. Ich zähle euch sowieso nicht mehr. Meine Lauffreundin Sarah wird mich spielend an euch vorbeisteuern. Los gehts!

Oh, zuerst stehen also zehn Minuten Gehen als Aufwärmübung auf dem Plan. Die habe ich ja gewissermaßen auf dem Weg hierher schon hinter mich gebracht. Komm schon, Sarah, du hinkst hinterher.

Zehn Minuten lang speedwalke ich hin und her. Alles klar. Jetzt: kleine Laufabschnitte. Wir traben jeweils zwanzig Sekunden lang, gefolgt von abermals je zwei vollen Minuten Gehen. Klingt machbar. Schont Sarah mich etwa? Ich meine, immerhin war ich bereits zwei Mal laufen … Auf die Plätze. Fertig. Los!

Himmelherrgott, einer meiner Lungenflügel ist bereits kollabiert und Sarah nimmt sich ernsthaft die Frechheit heraus, mir zu verkünden, dass wir »die Hälfte schon geschafft« haben.

Sarah ist eine blöde Kuh. Zwanzig Sekunden sind eine Ewigkeit.

Aber plötzlich sind sie vorbei, und jetzt können wir zwei Minuten lang gehen und quatschen. Sie beteuert, ich habe mich richtig gut geschlagen. Das stimmt vermutlich. Ich bin nicht stehen geblieben. Obwohl ich wirklich, wirklich wollte; aber da hat Sarah gesagt, ich müsse nur weitere vier Sekunden durchhalten, und dann waren es nur noch drei, zwei, eine – und aus. Am Ende dieser zwei Minuten wiederholen wir das Ganze, und sie behauptet, es wird sich jedes Mal leichter anfühlen. Sofern das stimmt, wird mein schrecklichstes Lauferlebnis stets hinter mir liegen!

Andererseits: Wenn ich dann zu meinem nächsten Lauf aufbreche, wird das derjenige sein, der bald mein schrecklichster gewesen sein wird.

Aber zugleich auch mein bester!

Meine Güte, Sarah, du bescherst mir Kopfschmerzen, und jetzt müssen wir wieder rennen, also verabschiede ich mich besser von meinem verbliebenen funktionierenden Lungenflügel …

Philip hüpft fröhlich wie ein Wichtel am Weihnachtsmorgen durch die Haustür, und ich wanke hinter ihm her wie ein Rentier, das die ganze Nacht im Einsatz war. Sarah hat mir empfohlen, mich nach dem Laufen bei einem ordentlichen Abendessen zu stärken, mit jeder Menge Gemüse, um meinem Körper neue Energie zuzuführen. Mag sein, dass das eher für die Wochen gegen Ende des Programms gilt, wenn wir mehr als insgesamt gerade einmal einhundert Sekunden rennen, aber niemand hat etwas davon erwähnt, dass man sich erst mit zunehmender Laufleistung mehr Essen verdient, daher häufe ich mir Frikadellen und Kartoffelbrei mit massig Gemüse und einem Klacks Triumphgefühl on top auf den Teller.

Später am Abend plumpse ich auf meine Matratze und frage mich, ob mir morgen alles wehtun wird. Stichwort Muskelkater – der Grund, aus dem ich einen Tag Pause machen soll. Und diese Pause habe ich mir verdient. Schließlich habe ich meine erste Einheit erfolgreich absolviert. Ich werde wirklich und wahrhaftig Laufen lernen.

Lena Singleton

hat FEUER unter den Sohlen!

Ich habe gewonnen! Eingeschlagen wie eine Rakete. Okay, zugegeben, Minnie Michaels war nicht am Start. Aber, die Sache ist die: Sie wird allzu bald nicht zurück sein. Sie hat sich den Ellenbogen oder Arm oder ihre Schulter gebrochen – da sind wir uns noch nicht ganz sicher. Jedenfalls ist irgendwas kaputt. Diese Saison wird sie nicht mehr laufen. Klar, für ihren Netballclub und unser Schulteam ist das ein herber Rückschlag. Sie kann nicht laufen. Ich dagegen schon. Und ich fühle mich schnell.

Ich wünschte, Dad könnte mich sehen. Die anderen Mädels wirken lahm und träge in der Staubwolke, die ich aufwirbele. Wir laufen achthundert Meter, vierhundert Meter und noch ein paar der gefürchteten Einhundert-Meter-Rennen. Ich gewinne alle. Sprinten fällt mir noch immer schwer, und es tut nach wie vor weh, aber es fühlt sich so, so viel besser an, wenn man gewinnt. Zwar wird der Mittwochmorgen dadurch nicht leichter, aber in dem Wissen, dass ich auf eine echte Gewinnchance hintrainiere, könnte ich künftig vielleicht mit mehr Ehrgeiz und Elan an die Sache herangehen. Dad wäre so glücklich, mich auf dem Treppchen zu sehen.

Mr Day, der Sportlehrer, der die Nachmittagsangebote unserer Schule koordiniert, gratuliert mir zu einem großartigen Training. Ich schaue mich nach jemandem zum Abklatschen um, aber die übrigen Läuferinnen zeigen kein allzu großes Interesse an meiner Siegesserie. Mir wird bewusst, dass ich nicht einmal ihre Namen kenne. Ich schätze, besonders viel gebe ich mich mit niemandem hier ab.

Minnie Michaels war nicht nur schneller als ich. Sie hat mir stets auch gründlich die Stimmung vermiest.

Minnie Michaels

Stillsitzen macht mich nach wie vor verrückt.

Ich bleibe ein paar Wochen lang zu Hause, weil ich noch immer ziemliche Schmerzen habe, deshalb schlecht schlafe und entsprechend tagsüber wie ein Zombie herumlaufe. Captain Bella bringt mir einiges an Hausaufgaben vorbei, aber ich würdige die Unterlagen kaum eines Blickes. Ich bin gelangweilt und müde und wund. Ich kann nicht ins Fitnessstudio. Ich darf nicht einmal mit der Physiotherapie beginnen, bis ich meine Schmerztabletten zu Ende genommen habe und die Schlinge für den Arm los bin. Also starre ich einfach nur auf mein Handy – in der Hoffnung, dass es klingelt, und zugleich ohne die geringste Ahnung, wen ich mir als Anrufer wünschen würde.

Ganz ehrlich: Ich weiß überhaupt nichts mit mir anzufangen.

Und Mum hat ebenfalls keine Idee, was sie mit mir machen soll. Sie versucht, sich mit mir zu unterhalten, aber ich bin nicht wirklich in der Stimmung für Plauderstündchen, und wann immer ich doch einmal zulasse, dass sie sich zu mir setzt, ist sie im Nu frustriert, weil zwei Minuten ihres Mitgefühls nicht all meine Probleme auf magische Weise lösen und ich unvermindert missmutig bin. Sie bietet mir ständig Toast an und ich nehme es, weil Essen immerhin etwas ist, das ich noch selbstständig hinkriege. Sie hat mir auch bereits vorgeschlagen, mit mir für eine Stimmungsbooster-Pediküre ins Nagelstudio zu fahren, aber meine Zehen sieht ohnehin nie jemand, da ich in Sportschuhen lebe … gelebt habe.

Ich weiß, das klingt alles extrem melodramatisch. Daniel sieht die Angelegenheit viel gelassener. Er meint einfach, das wird schon wieder. Ich werde nächste Saison ebenso mit meilenweitem Abstand die beste Spielerin sein und überhaupt nichts verpassen.

Ich ahne, dass er vermutlich recht hat, kann aber gleichzeitig das Gefühl nicht abschütteln, doch etwas Gewaltiges zu versäumen. So, als wäre jetzt mein großer Augenblick gewesen – eine Chance von der Sorte, die man nur einmal bekommt. Wenn man geradezu schicksalhaft punktgenau in Bestform ist. Schon klar, wir reden hier bloß von Netball, aber ich glaube, es gibt in sämtlichen Dingen nur ein kleines Zeitfenster, um groß herauszukommen. Und durch dieses Fenster muss man sich quetschen, exakt in dem Moment, wo alles passt, und gelangt nur so in eine andere Welt. Ergibt das Sinn?

[Privat]

Alice Daly-Donne

schummelt.

Aber nicht so, wie du jetzt vielleicht vermutest, mein kleingläubiger Schäferhund. Nein, nein, Philip. Wir gehen wieder raus … und zwar heute Abend! Den Ruhetag brauche ich nicht. Ich will schon heute das nächste Mal mit Sarah laufen. Ich habe ihren Podcast gegoogelt, um zu sehen, wie das Programm weitergeht: Zunächst kommen eine ganze Woche lang diese wirklich absurd kurzen Laufeinheiten mit jeder Menge Gehpausen, und ich bin ziemlich zuversichtlich, dass ich das durchhalte, ohne zwischendurch einen Tag auszusetzen. Ich werde durch diesen ganzen Anfängerkram einfach hindurchsprinten, und dann können wir endlich mit dem echten Lauftraining loslegen!

Zurück von meinem Lauf. Es hat zu regnen angefangen und Sarah, die blöde Kuh, hat die Rennabschnitte auf fünfundzwanzig Sekunden gestreckt. Deswegen sind wir jetzt verkracht. Ich nehme mir morgen einen Pausentag, um meine Ruhe vor ihr zu haben.

Am nächsten Tag unterhalten sich Caro und Jodie in der Schule über irgendetwas zum Schreien Komisches, das im Kurs vor der Mittagspause passiert sein muss. Anscheinend sind ihre gemeinsamen Kurse immer zum Schreien komisch. Man sollte nicht meinen, dass Sozialkunde derart viele Gelegenheiten zum Totlachen bietet, aber wie auch immer. Vermutlich muss man es selbst erlebt haben. Ich hatte Englisch, und in *Der Widerspenstigen Zähmung* gibt es tatsächlich ein paar gute Witze, aber ich bin mir nicht so sicher, ob sie auch bei Cola und Twix funktionieren.

»Was hast du gestern Abend gemacht?« Caro guckt mich an. »Wir haben versucht, dich zu erreichen.«

»Oh, tut mir leid, ich war bloß mit Philip Gassi.« Keine Lüge.

»Ach, schade.«

Sie klingt nicht wirklich, als ob sie das schade findet. Und was soll das überhaupt heißen: »Wir« haben versucht ... dann waren die zwei also zusammen? Es wäre nicht das erste Mal. »Wir« haben am Samstagnachmittag bei dir vorbeigeschaut. Wieso warten sie so lange damit, mir Bescheid zu geben, wenn sie ohnehin bereits beschlossen haben, gemeinsam etwas zu unternehmen? Grrr. Keine große Sache; es wurmt mich bloß, dass sie ihre Pläne immer in Stunden schmieden, die ich nicht mit ihnen teile, und dann ist alles bereits im Gang und ich bleibe außen vor, ehe es überhaupt losgeht, weil ich mit den anderen Nerds in Büffelhausen beschäftigt bin.*

*Kaum jemand in meinen Kursen ist auch nur ansatzweise nerdig. Alle sind ganz normal, bloß eben ziemlich gut im Unterricht, schätze ich. Und nur danach wird man ja in der Schule bewertet – wie gut man sich in Prüfungssituationen schlägt. Es ist ja nicht so, dass die Stunden inhaltlich großartig anders wären oder die Fächer plötzlich schwerer, nur weil man in Kurs eins statt Kurs zwei gelandet ist. Niemand kann eine Lektion über Fabrikarbeit im viktorianischen England leichter oder schwieriger machen, oder? Höchstens langweiliger oder interessanter gestalten. Und offenbar witziger oder ernsthafter. Jedenfalls: Soeben hatte ich die Gelegenheit, meinen beiden besten Freundinnen von meinem heimlichen neuen Laufritual zu erzählen, und stattdessen habe ich sie gewissermaßen angelogen, weil ich mir nicht einmal sicher bin, ob ich mich überhaupt noch als ihre beste Freundin bezeichnen kann. *Die beiden* sind beste Freundinnen, und meine besten Freunde sind Philip und möglicherweise noch Podcast-Sarah.

Zum Teufel mit dem Pausentag. Komm zurück, Sarah, alles ist vergeben und vergessen …

Minnie Michaels

Diese Woche war schwierig. Oder eher: Diese Woche war ich schwierig. Meine Schulter schmerzt nicht einmal mehr allzu sehr, aber ich stehe ständig unter Strom. In einem fort googele ich, wie lange es dauern sollte, bis alles verheilt ist, und wie bald ich wieder Netball spielen darf. Immer wieder probiere ich, die Frage anders zu formulieren, um die Antwort zu bekommen, die ich will – nämlich, dass ich problemlos auf der Stelle anfangen kann und alles gut wird. Ich ertappe mich selbst dabei, wie ich Mum anfauche. In die WhatsApp-Gruppe unseres Teams bringe ich mich so wenig wie nur möglich ein, ohne absolut unhöflich zu wirken. Nicht, dass ich Befürchtungen hege, die anderen könnten fies sein oder so – vielmehr das Gegenteil. Alle würden wahnsinnig mitfühlend und ermutigend reagieren, und das würde mich tierisch nerven, weil ich aus irgendeinem Grund nicht aus diesem tiefdunkelschwarzen Stimmungstief herauskomme, in dem ich gerade stecke. Wieder vibriert mein Handy, und ich verdrehe die Augen. Zum Antworten fehlt mir die Kraft. Alles bloß Smalltalk. Niemand *sagt* wirklich etwas.

Ich gebe Daniel frei und erspare ihm einen weiteren Abend mit Popcorn und meinen Eltern vor dem Fernseher. Ich weiß, dass er Hausaufgaben zu erledigen hat. Mum lasse ich den Film wählen; was wir schauen, ist mir gleichgültig. Die Handlungen verschwimmen allmählich ohnehin miteinander. Manchmal nicke ich kurz ein, allerdings bloß lange genug, um irgendeine Schlüsselszene der Geschichte zu verpassen, sodass der restliche Film überhaupt keinen Sinn mehr ergibt. Dann gehe ich ins Bett und finde keinen Schlaf.

Mum hat sich einen französischen Film mit einer ihrer Lieblingsschauspielerinnen ausgesucht. Sie meint, das zählt in gewisser Weise als Französischlernen, und lacht – aber, ganz ehrlich: Vermutlich kommt es tatsächlich einer Schularbeit näher als alles, was ich bisher getrieben habe. Soweit ich mir das Geschehen auf dem Bildschirm erschließen kann, handelt es sich einfach um die traurige Geschichte einer Frau, die unglücklich mit ihrem Leben ist. Ich glaube, sie hat ihren Job verloren oder so, aber da ich gleichzeitig mit Daniel schreibe, entgehen mir immer wieder Teile der Dialoge. Frankreich sieht nett aus. Paris ist so hübsch. Ich wette, man fühlt sich wie im Film, wenn man dort nur am Flussufer entlangspaziert. Die französische Schauspielerin schaut unglaublich chic aus, obwohl sie bloß Jeans und ein schlichtes T-Shirt trägt. So etwas gelingt nur sehr schlanken und reichen Menschen. Ich schiele auf meine Jogginghosen hinunter und frage mich, was ich als Erwachsene wohl anziehen werde.

Ich kann mir mich selbst nicht einmal ansatzweise als Erwachsene vorstellen. In diesem Moment wird mir klar, dass ich sogar in meinen Tagträumen von einem Leben als Netball-Profispielerin immer bloß so alt bin wie gerade jetzt, zu Hause bei meinen Eltern lebe und die Haare zum Pferdeschwanz gebunden habe.

Die französische Dame sitzt in einem Pariser Café, allein mit einem Buch. Draußen regnet es in Strömen, und sie winkt den Kellner heran, um einen Espresso und – absurderweise – ein Vanilleeis zu bestellen. Schwer denkbar, dass diese Lady irgendetwas tut, das nicht durch und durch stylisch ist, aber diese Eisbestellung erscheint mir doch etwas eigenwillig. Durchlebt sie im Film gerade einen Nervenzusammenbruch, von dem ich lediglich noch nichts mitbekommen habe?

Kaffee und Eis werden serviert, und die Dame in ihrem Seidenshirt kippt die winzige Espressotasse komplett über ihre Vanilleeiskugel. Dann isst sie das Ganze mit einem Teelöffel und wirkt dabei, als genieße sie es in vollen Zügen.

Ich lege mein Handy zur Seite und verfolge den restlichen Film, doch offen gestanden passiert darin überhaupt nicht sonderlich viel. Allerdings verstehe ich, weshalb Mum die Schauspielerin so mag. Sie ist cool, im wahrsten Sinne des Wortes. Mit einem Mal bin ich überzeugt, dass es nichts Cooleres geben kann auf der Welt, als Französin zu sein. Was sich zugleich wiederum Welten von dem entfernt anfühlt, was auch immer ich gerade bin. Das wohlige Vanilleeisgefühl in mir wird sauer, und ich verspüre neue Wut. Wut darüber, dass ich nie zuvor diesen französischen Film gesehen habe. Wut darüber, dass ich mich nicht für den Frankreichaustausch beworben habe. Wut darüber, dass ich noch nie ein Paar Skinny Jeans besessen habe.

»Willst du etwas Toast, Liebling?«, fragt Mum, und beinahe brülle ich ihr ein »Nein!« entgegen.

Ich rufe Daniel an: »Ich muss hier raus!«

Lena Singleton

verspürt den Drang …
den Drang … nach Tempo!

Als ich heimkomme, ist das Haus leer. Dad ist mit einem Klienten unterwegs. Normalerweise würde ich eine solche Gelegenheit nutzen, um stundenlang das Bad zu belagern. Mich in die Wanne zu legen, bis ich schrumpelig werde. Laut Musik zu hören. Schokokugeln zu essen. Aber heute Abend bin ich voller Adrenalin. Ich kann nicht stillsitzen. Ich will wieder rennen. Wieder gewinnen. Mich vergewissern, dass es wirklich wahr ist. Dass ich schnell bin.

Ich mampfe ein paar Cashewkerne und ziehe frische Sportklamotten an. Saubere Socken geben mir immer ein richtig erfrischtes Gefühl. Ich schnappe meine Kopfhörer und pflüge durch die Tür – ohne eine genaue Vorstellung davon, wohin ich will oder wie lange ich wegbleiben werde. Ich muss mich einfach bewegen. Ein Teil von mir hofft, dass Dad zurückkommen wird, während ich fort bin, sodass ich ihm anschließend verkünden kann, ich war laufen. Er wäre im siebten Himmel.

Ich stürme nach draußen und will gerade in einen leichten Trab fallen, als Sebastian und Max um die Ecke biegen.

»Hey«, ruft Sebastian mir zu.

»Hi, Seb. Hi, Max.«

Aimee würde sich überschlagen vor Begeisterung. Sie träumt davon, Seb eines Tages ganz zufällig außerhalb der Schule zu begegnen. Wobei sie bei dieser Begegnung natürlich perfekt aussehen würde. Ich fürchte, meine Lauftights und Steppweste erfüllen ihre Ansprüche dahin gehend nicht. Mir allerdings könnte nicht gleichgültiger sein, was er von meinem Outfit hält. Ich bin nicht darauf aus, Sebastian oder Max zu beeindrucken, und wäre Lewis dabei, wollte ich auch ihm nicht imponieren.

»Wohin des Weges?« Sebastians Augen blitzen immer ein wenig schelmisch.

»Ich gehe eine Runde laufen«, sage ich mit Stolz, obwohl ich ja noch keinen Meter gerannt bin.

»Ach, lass das mal. Komm stattdessen mit uns einen Burger essen!«

»Was?!«, mache ich. Nicht, dass ich Schwierigkeiten gehabt hätte, ihn zu verstehen – ich hatte lediglich etwas komplett anderes aus seinem Mund erwartet.

»Ja, schließ dich uns an – hattest du gerade nicht schon Leichtathletiktraining? Genug gerannt für heute. Los, wir wollen zu BurgerShack. Dort sind wir außerdem mit deinen Freundinnen verabredet.«

Hunger habe ich durchaus …

Lachend lenkt Sebastian mich in die entgegengesetzte Richtung meiner geplanten Route. Max sagt überhaupt nichts, doch während ich mich mitschleifen lasse, wird mir bewusst, dass ich nicht bloß hungrig, sondern regelrecht ausgehungert bin. Im Kopf bereite ich schon meine Bestellung vor, und erst, als wir durch die Tür treten, fange ich an, mich zu fragen, woher Sebastian von meinem Training vorhin weiß.

Aimee und Tasha warten auf die beiden Jungs. Nicht auf mich – und Aimees Augen feuern überraschte Laserblitze auf mich ab, ehe ich meine Umarmung bekomme. Nette Begrüßung unter Freundinnen.

»Guckt nur, wen ich aufgegabelt habe!«, prahlt Seb. »Sie hat ein paar irre Bahnen hingelegt und braucht jetzt jede Menge Pommes zur Stärkung.«

»Das stimmt sogar«, gestehe ich und überlege dabei, wie ich mich später bei Aimee entschuldigen soll. Mit ein wenig unterschwelligem Ärger, weil das eigentlich absurd ist und nicht nötig sein dürfte. Aber tun werde ich es doch.

»Cool, dann lasst uns bestellen!«, schlägt Max vor.

»Ich bin am Verhungern«, sagt Tasha. Sie ordert eine Cola light und eine kleine Portion Pommes und bringt Aimee eine zweite Cola light mit. Die Fritten teilen sie sich.

»Ich bestelle dann auch mal«, meine ich, sobald die zwei zurück sind, in der Hoffnung, Aimee und Tasha so zu zeigen, dass ich nicht darauf aus bin, Zeit allein mit irgendeinem der Jungs zu ergattern.

»Oh ja, ich auch!«, sagt Seb und springt auf. Dämliches Timing, Blödmann.

Ich hole mir alles – na ja, jedenfalls einen Burger, Pommes, Chicken Nuggets als Beilage, einen Milkshake.

»Das klingt gut – für mich das Gleiche.« Sebastian gibt sich wirklich alle Mühe, mich hineinzureiten.

Wir tragen unsere identischen Menüs zum Tisch und ich nötige ihn, auf die Bank neben Aimee zu rutschen. Ich selbst nehme am Kopfende Platz, Störfaktor des Doppeldates, und schlinge meine Riesenportion so schnell wie nur möglich hinunter. Mein Plan besteht darin, mich rasch zu verabschieden und noch ein Eis auf die Hand mitzunehmen. Dann kann ich den langen Weg nach Hause im Stechschritt walken und immerhin das Gefühl bekommen, doch noch etwas getan zu haben.

Sebastian quatscht ohne Punkt und Komma auf mich ein. Immer wieder lacht er über Sachen, über die wir bereits im Unterricht geredet haben, und ich wünschte, er würde das lassen. Aimee braucht nicht zu wissen, dass wir nebeneinandersitzen. Und sie muss ganz bestimmt nicht erfahren, dass wir gemeinsam Spaß haben. Sie ist wütend, das sehe ich, und mein Herz rutscht mir in die Hose, als auch noch Lewis auftaucht. Gleich wird sie etwas sagen, um mich zu blamieren – das spüre ich schon, bevor es überhaupt so weit ist.

Doch nichts passiert. Sebastian springt bloß auf, um Lewis zu begrüßen, wie ein fröhlicher Welpe. Max murmelt etwas

Unverständliches und schlurft dann ebenfalls zu den zweien hinüber, und mit einem Mal sind wir Mädels unter uns.

»Ich wusste ja gar nicht, dass du dich so gut mit Seb verstehst«, säuselt Aimee. Na bitte, es geht los.

»Tue ich eigentlich gar nicht«, setze ich an. Der Milkshake rumort in meinem Bauch. Dann aber wird sie zum Glück von etwas anderem abgelenkt.

»Oh Gott, schaut nur, wer da ist ...«

[Privat]

Alice Daly-Donne

dreht allen Ernstes gleich durch!

Ich werde gestalkt. Von Paparazzi. Aber im Singular. Von einem Paparazzo.

Ich war mit Sarah unterwegs. Diesmal allein. Mum hatte ich erzählt, ich wollte mir bloß schnell im Laden einen Notfall-CDM-Riegel (Cadbury Dairy Milk) holen, und sie war von der Vorstellung derart begeistert, dass sie nichts in Richtung »Aber zu Tesco brauchst du zu Fuß fünfundzwanzig Minuten und es wird bald dunkel und du bist mein erstgeborenes Kind, mein Lebenslicht, mein Augapfel, und ich muss dich um jeden Preis beschützen, deshalb fahre ich dich – außerdem brauchen wir noch Milch!« gesagt hat.

Wobei: Das mit der Milch hat sie tatsächlich erwähnt, also musste ich wirklich zum Laden gehen. Da ich allerdings vorhatte, meine Laufrunde zu absolvieren, war es vollkommen gleichgültig, dass Tesco fünfundzwanzig Minuten entfernt ist, denn bei meinem Geh-Renn-Wechsel würde ich im Nullkommanichts dort und wieder zurück sein.

Eine WhatsApp-Nachricht von Jodie und Caro (Was geht?) habe ich ignoriert; mir war klar, dass ich meine kompletten Renneinheiten auf dem Hinweg zum Laden unterbringen musste (da man mit Milch und Schokolade in der Hand nicht wirklich schnell laufen kann), daher habe ich die Aufwärmübungen übersprungen und bin direkt angetrabt. Dreißig Sekunden am Stück, und, ganz ehrlich: Es war keine absolute Folter.

Der zweite und dritte und vierte Rennabschnitt dagegen natürlich schon, aber ich habe durchgehalten – und ich glaube, ich bin anschließend ein bisschen schneller wieder zu Atem gekommen als beim letzten Versuch. Und ich habe weniger darüber nachgedacht, wie es sein kann, dass ich an der frischen Luft ersticke, und mich ein wenig mehr auf den Rhythmus meiner Schritte auf dem Asphalt konzentriert. Darauf, wie meine Füße mich vorwärtstragen. Und eine hauchzarte Stimme in meinem Hinterkopf hat sogar geflüstert, dass ich eventuell ein winziges bisschen an Tempo zulegen könnte. Minnie Michaels ist mir in den Sinn gekommen. In der Ferne ist der Laden aufgetaucht, und ich wusste, dass ich nur noch zwei schnelle Sets vom Cooldown entfernt war. Also habe ich beschlossen, beim vorletzten Sprint alles zu geben, um dann zu versuchen, den Laden in der letzten gerannten halben Minute zu erreichen. Tatsächlich kam er viel schneller als erwartet näher, sobald ich erst einmal das Tempo angezogen hatte. Und dann ist völlig unerwartet aus der Dunkelheit ein Fotograf aufgetaucht und hat mich geknipst.

Sarah sagt, ich darf mir vor meiner letzten Laufeinheit eine volle Minute Gehen gönnen, doch ich bin so schockiert von dem Vorfall gerade eben, dass ich abrupt stehen bleibe und »WAS?« rufe, an niemand Bestimmten gerichtet, aber laut – denn das passiert mir jedes Mal, wenn ich Kopfhörer trage. Schlagartig steht mir abermals die Fratze vor Augen, und ein Schauder läuft über meinen Rücken. Mir wird ernstlich mulmig zumute, ehe mir wieder einfällt, dass ich wütend bin. Wütend auf die Fratze und den Schulfotografen und jetzt auch auf diesen Typen, wer immer er sein mag, der sich einbildet, er habe das Recht, mich auf meiner privaten Laufrunde, von der niemand weiß, abzulichten. Das hier ist *mein* geheimer Laufclub, und niemand, der sich über mich lustig machen will, hat darin etwas verloren. Ich schaue mich um, in dem Versuch, den schleimigen Paparazzo noch zu erwischen, weil ich nicht übel Lust dazu hätte, ihm meine Meinung ins Gesicht zu sagen, aber inzwischen bin ich doch schon wieder zehn Sekunden gerannt, und vermutlich erstickt der Knipser gerade an meinem aufgewirbelten Staub. Geschieht ihm recht.

Mein Handy vibriert aufs Neue – noch mehr Smalltalk meiner Freundinnen. Ihnen allerdings von dem Fotografen zu erzählen, würde bedeuten, dass ich ihnen auch vom Laufen erzählen müsste, und wenn ich das tue, landen wir im Nu bei der Fratze, und um dieses ganze Drama einzutippen, fehlen mir im Moment Zeit und Nerven.

Ich lausche Sarah, die mich durch die letzten schnellen Meter coacht, und eile dabei durch die Supermarktgänge. Sie ist wahnsinnig mitreißend: »Los, gib alles, nur noch fünfundzwanzig Sekunden volle Power.« Ich öffne einen Kühlschrank. »Du schaffst das!« Nehme zwei Packungen Milch heraus. »Fantastisch, weiter so!« Suche nach der Schokolade. »Mobilisier die letzten Reserven!« Entscheide mich für den Riegel in Familiengröße. »Yeah, Wahnsinnsleistung!«

Ich benutze die Selbstbedienungskasse, damit ich Sarah nicht abwürgen muss. Es ist so nett, von jemandem beglückwünscht zu werden, während ich meinen Einkauf bezahle – und im Grunde ja auch absolut gerechtfertigt, schließlich braucht man im Alleingang für gewöhnlich das Vierzehnfache an Unterstützung im Vergleich zur regulären Kasse, aber dort stellen sich bloß Leute an, die Alkohol oder Zigaretten kaufen wollen.

Sarah leitet in den Cool-down über, während ich mein Kleingeld verstaue, und gemeinsam machen wir uns auf den Heimweg, ich mit zusätzlichen Gewichten für ein extra Arm-Workout. Zwei Halblitertüten Milch in einer Hand, eineinhalb Gläser (die laut Herstellerbehauptung in jedem Riegel stecken – »a glass and a half of milk in every bar«) in der anderen.

Unterwegs halte ich die Augen nach dem mysteriösen Fotografen offen, aber natürlich begegne ich niemandem. Sarahs Stimme ist inzwischen richtig entspannend, und wenn ich nun noch einmal darüber nachdenke, könnte ich wetten, dass bloß irgendjemand mit dem Rücken zu mir ein Selfie geschossen hat. Eine vollkommen plausible Erklärung. Der Sonnenuntergang ist heute ziemlich hashtagtauglich.

Rätsel gelöst. Zur Belohnung reiße ich das Papier von der Schokolade, muss allerdings irgendwie im Laufen Stücke abbeißen, da ich nach wie vor die Milch in der anderen Hand halte. Gott, ich hoffe, gerade lungert kein Paparazzo in den Büschen herum, denn ein Bild von mir auf dem Heimweg, in Mums Turnschuhen, mit krebsrotem Gesicht, verschwitztem Haar und dem Mund voller Schokolade von einem Riegel in Familiengröße wäre definitiv nicht hashtagtauglich.

Als ich nach Hause komme, nimmt Mum mir schon an der Türschwelle Milch und Schokolade aus den Händen. Den Schweiß und die Turnschuhe bemerkt sie gar nicht, sehr wohl aber, dass ich ohne Philip unterwegs gewesen bin, der vermutlich vor dem Schlafengehen nichts gegen eine kleine Runde um den Block einzuwenden gehabt hätte …

Minnie Michaels

trinkt zusammen mit Daniel Turner eine Vanilleeis-Cola bei BurgerShack.

Ich verstecke meine bandagierte Schulter unter einem übergroßen Hoodie und mein Gesicht hinter einem Vorhang aus ungewaschenem Haar. Dazu trage ich Daniels Baseball-Cap. Er sagt, ich sehe wunderhübsch aus. So ein Schwachsinn. Er behauptet, sein Haar auch nicht gewaschen zu haben, aber natürlich schaut seine wilde Lockenpracht zu einhundert Prozent hinreißend aus. Ein Fastfood-Restaurant mag nicht gerade ein Pariser Café sein, aber ich schätze, Vanilleeis und Kaffee würde ich auch hier bekommen, wenn ich wollte. Ich versuche, mir die ganze Geschichte aus dem Kopf zu schlagen. Wie albern, sich über so etwas zu ärgern – dass man nicht mittleren Alters und französisch ist. Ich bin hier, um Zeit mit Daniel zu verbringen. Und was auch immer mir die Laune verdirbt: Es hat nichts mit ihm zu tun. Gerade hat sein Handy geklingelt und er lacht mit der unbekannten Person am anderen Ende der Leitung.

Eine fiese kleine Stimme in meinem Hinterkopf erinnert mich daran, dass er der Einzige ist, mit dem *ich* je am Telefon lache. Ich schiebe den Gedanken beiseite, weil meine Ohren etwas anderes aufgeschnappt haben ...

»Ist sie das wirklich?«

»Unmöglich – sie sieht grauenvoll aus.«

»Na ja, ich habe gehört, dass sie eine Gehirnerschütterung hatte. Offenbar hat sie vergessen, wie man Mascara benutzt.«

»... oder eine Haarbürste.«

Jemand flüstert über mich, und das nicht einmal besonders leise. Daniel hat sein Gespräch beendet, bekommt von der Unterhaltung hinter uns aber dennoch nichts mit. Nun, da ich mein Gehör darauf scharf gestellt habe, kann ich sie gar nicht mehr ausblenden. Daniel sagt etwas zu mir, doch es geht vollkommen in dem gehässigen Tratsch unter, dem ich keinerlei Aufmerksamkeit schenken sollte.

»Wer sitzt da hinter mir?«, bitte ich Daniel, mich aufzuklären. Ich muss Bescheid wissen.

»So ein paar Mädchen.« Er ist ein hoffnungsloser Fall.

»Ich bitte dich, Daniel. Die sind an unserer Schule. Vermutlich habt ihr gemeinsame Kurse.«

»Ich glaube nicht.«

Na schön. Dann muss ich wohl selbst einen Blick riskieren.

Lena aus meiner Leichtathletikmannschaft! Ich fasse es nicht. Was hat sie gegen mich? Obwohl: Ihre Stimme hätte ich erkannt, denke ich. Vielleicht auch nicht. Sie redet nie wirklich viel. Bei ihr sitzen noch zwei andere Mädels. Eine von ihnen heißt Tasha, sofern ich mich nicht irre, und belegt einen meiner Kurse, und die andere ist Aimee Irgendwas. Ich glaube, sie war diejenige, die gerade getönt hat, wie grauenhaft ich ausschaue. Sie hat ohnehin so einen fiesen Blick. Sie ist hübsch, aber irgendwie immer wütend, was sogar durchschimmert, wenn sie lächelt. Allerdings habe ich keine Ahnung, weshalb sich ihre Wut gegen mich richten sollte. Sie kennt mich nicht einmal. Ich bin sprachlos darüber, dass diese Mädelsgang sich hier bei Milkshakes trifft, um über mich zu lästern.

Ich muss hier raus, ehe ich zu heulen anfange. Wieso trifft mich das derart? Es stimmt: Mein Haar hat eine Bürste dringend nötig. Aber warum fällt den dreien das überhaupt auf?

Klingt es naiv, wenn ich eingestehe, dass mir noch nie in den Sinn gekommen ist, irgendjemand könnte je etwas Gemeines über mich sagen? Nicht etwa, weil ich denke, jeder liebt mich; vielmehr war mir nicht klar, dass ich überhaupt so viel Interesse wecken könnte. Ich bin nicht nur auf ihrem Radar, sie regen sich über mich auf! Ich muss hier raus, möchte Daniel aber nicht wissen lassen, dass die Mädchen mir zugesetzt haben. Sonst legt er sich vielleicht mit ihnen an.

»Wollen wir gehen?«, frage ich.

»Klar«, meint er. Er hält mir die Tür auf und verflicht dann seine Finger mit meinen. Ich überlege, ob ich es schlimmer finde, dass Lena und ihre Freundinnen sich über meine Haare lustig gemacht haben – oder dass sie mich noch nie eingeladen haben, sie zum Burgeressen zu begleiten.

Lena Singleton

will Pommes dazu.
Und Chickenwings.

Mein Mega-Menü schmeckt ziemlich mega, allerdings ist mir danach doch ein wenig übel. Keine Ahnung, ob das an den scharfen Chickenwings oder der anderen Geschichte liegt, die gerade passiert ist.

Also: Wir erspähen Minnie und ihren trotteligen Freund im Burgerladen. Die zwei sind immer zusammen, wenn Minnie nicht gerade auf der Tartanbahn oder dem Spielfeld oder im Pool oder bei irgendeiner anderen sportlichen Aktivität ist, wo sie alle überflügelt. Ich glaube, sie führen allen Ernstes eine echte Erwachsenenbeziehung. Sie sind kein Pärchen, das auf dem Spielplatz Händchen hält, während beide sich mit ihren Freunden, aber nie wirklich miteinander unterhalten. Nein, sie sind ein richtiges Paar. Jedenfalls sind sie hier und ich erahne eine Art Schlinge um Minnies Arm, die allerdings unter ihrem Pulli verborgen ist. Sie trägt einen total weiten Pulli und eine Baseball-Cap. Baseball-Caps ziehe ich auch manchmal auf, Minnie allerdings eher nicht, denke ich. Wie auch immer:

Aimee beschließt, dass Minnie miserabel aussieht. Was nicht wahr ist. Sie wirkt bloß nicht so perfekt wie sonst. Dennoch besser als die meisten Leute, aber Aimee wittert eine Chance und stürzt sich prompt darauf.

»Oh mein Gott, schaut nur, wer da ist!«

Tasha erkennt Minnie zuerst nicht einmal mit Gewissheit. »Ist sie das wirklich? ... Unmöglich, sie sieht grauenvoll aus.«

Aimee glüht vor Begeisterung. »Na ja, ich habe gehört, dass sie eine Gehirnerschütterung hatte. Offenbar hat sie vergessen, wie man Mascara benutzt.«

Ich nehme an, dass ich noch immer ein wenig von meinem guten Training berauscht bin, denn mit einem Mal höre ich mich selbst sagen: »... oder eine Haarbürste.«

Aimee wirft mir einen verschwörerischen Blick zu. In ihren Augen flackert etwas wie Vergnügen oder Boshaftigkeit. Sie klatscht mich ab, und aus irgendeinem Grund lachen und lachen und lachen wir.

DER SOMMERBALL
STEHT VOR DER TÜR

Sämtliche Tickets müssen bis
spätestens Freitag voll bezahlt sein.

ACHTUNG:

Die diesjährige Schulkunstausstellung findet
zeitgleich mit dem Ball statt.

Bei Fragen zur Einreichung
von Beiträgen bitte an
Miss Hallam wenden.

TEIL 3

ÜBERHOLUNG

Lena Singleton und Aimee Bradbury

sagen DU KANNST NICHT BEI UNS SITZEN!

Mir ist bewusst, was ich tue. Ich sehe mir selbst dabei zu. Und höre trotzdem nicht damit auf.

Angefangen hat es an jenem Abend bei BurgerShack. Da habe ich diesen Kommentar über Minnie Michaels' Haare fallen lassen, und plötzlich war ich wieder Aimees Favoritin. Beinahe so, als hätte jemand einen Schalter umgelegt und wir wären mit einem Mal wieder neun Jahre alt.

Nach dem Essen hat sie vorgeschlagen, noch Donuts zu holen – meinen Lieblingsnachtisch, in meinem Lieblingsladen. Und sie hat tatsächlich ebenfalls einen gegessen. Glasiert mit Ahornsirup – meine Empfehlung. Ich habe versucht, auszublenden, dass der Donutladen genau in der entgegengesetzten Richtung zu Tashas Heimweg liegt. Tasha hat gemeint, sie wolle einfach nach Hause gehen. Als wir uns verabschiedet haben, wirkte sie ein bisschen geknickt. Ich hoffe, das lag nur daran, dass sie eigentlich gern noch einen Schokokrapfen gehabt hätte.

Am nächsten Morgen in der Schule wartet Aimee vor unserem Klassenraum auf mich. »Deine Haare sehen immer so cool aus«, sagt sie. Ich trage einen hohen Dutt, wie jeden Tag, aber klar, ich schätze, selbst zusammengebunden sind meine Locken irgendwie durchaus beeindruckend.

Unsere erste Stunde ist die einzige, die wir zusammen haben. Französisch – worin wir beide ziemliche Nieten sind. Für gewöhnlich sitzt Aimee auf der anderen Seite von Tasha und ich höre kein Wort von dem, was die beiden miteinander reden, aber heute wird Tasha ungefragt auf den Außenplatz verbannt und Aimee thront neben mir. Sie plappert die komplette Stunde durch. Reißt kleine Witze. Bittet mich um Hilfe oder hilft mir. Wählt mich für eine Partnerübung. Mir ist klar, dass sie im Grunde nur schauspielert. Aber die Sache ist: Sie schauspielert gut. Und es macht offen gestanden tatsächlich Spaß, bei ihr gut angeschrieben zu sein. Sie ist wirklich irre witzig. In der Pause tut mir vom vielen Lachen der Bauch weh, während wir uns eine Tüte Schokodrops teilen. Ja, okay, manchmal gehen ihre Witze auf Kosten anderer, aber diese Leute bekommen das ja nicht mit. Sie erzählt sie nur mir, und irgendwie hat sie eben auch ein Gespür dafür, die Schwächen ihrer Mitmenschen aufzudecken. Mir war bisher noch nie aufgefallen, dass Tony Jones' Augenlid herunterhängt oder Amber Allen winzige Füße hat. Ich breche in haltloses Gekicher aus, als sie

Michael Colten nachmacht, wie er auf Französisch zu erklären versucht, dass er sein Buch vergessen hat. Dabei kann ich nicht einmal sagen, was daran so lustig ist. Aber Luft bekomme ich dennoch fast keine mehr.

Beim Abendessen schreibt sie mir eine private WhatsApp-Nachricht und fragt, ob ich dieses Wochenende schon Pläne oder vielleicht Lust habe, gemeinsam mit ihr zur Maniküre im Salon ihrer Cousine und anschließend ins Kino zu gehen. Das klingt definitiv spaßiger als das, was ich bisher vorhatte: nämlich Hausaufgaben und einen Serienmarathon. Aimee meint, Sebastian und seine Kumpels wollen auch ins Kino kommen. Meinetwegen. Der Film scheint gut zu sein, und meine Nägel habe ich mir noch nie professionell machen lassen. Hört sich irgendwie genial an.

Ich bin in so euphorischer Stimmung, dass ich sogar Dads Angebot, ein kurzes Workout in unserer zum Fitnessstudio umgerüsteten Garage durchzuziehen, annehme. Was ihn total überrascht. Er legt eine seiner Workout-Playlists auf, die er BOUNCE nennt; allerdings weiß ich, dass sie früher einmal HENRY hieß. Henry war zwei Jahre lang Dads fester Freund.

»Diese Playlist ist echt gut, Dad«, sage ich. »Du hast sie länger nicht gespielt.«

»Ja, und diese Songs haben mir wirklich gefehlt!«, erwidert er und dreht das Springseil doppelt unter seinen Füßen durch.

»Vermisst du ihn?«, frage ich und hefte meine Augen auf einen Punkt an der Wand, während ich Sternsprünge hüpfe.

»Manchmal. Aber das ist okay. Die Lieder machen mich

trotzdem noch glücklich.« Er reicht mir das Seil und geht zu Squat Jumps über.

»Für mich wäre es in Ordnung, wenn du irgendwann jemand Neuen mitbringst«, merke ich zwischen zwei Seilsprüngen an.

»Die Chance, einen Kandidaten dem Lena-Test unterziehen zu dürfen, ist ein großes Privileg. In letzter Zeit hat sich niemand dieser Ehre als würdig erwiesen.« Er lacht und drückt auf seine Stoppuhr.

Wo bist du?, lautet die Nachricht, die auf mich wartet, als wir fertig sind.

Habe gerade ein Dreißig-Minuten-Workout mit meinem Dad gestemmt, antworte ich.

Hardcore. Ich wünschte, ich wäre so fit wie du!

Alice Daly-Donne 

träumt von Weihnachten.

Caro und Jodie haben mich am Freitag zu einer Übernachtungsparty eingeladen, und ich versuche gerade auszutüfteln, ob ich meine Laufrunde vorher einschieben kann. Ausfallen lassen möchte ich sie nicht, denn meine Laufwoche beginnt immer samstags, und wenn ich freitags aussetze, gehen mir die Tage aus. Heute Abend schaffe ich es nämlich nicht, da meine Tante Juliet vorbeikommt und es wirklich sehr, sehr verdächtig aussehen würde, mit Philip Gassi zu gehen, während sie da ist. Oder sie käme auf die glorreiche Idee, sich mir anschließen zu wollen. Sie liebt Philip. Was auf wenig Gegenseitigkeit beruht, da sie einen Zwergdackel namens Kebab besitzt; man erkennt schon an Philips Blick, dass er sich ernsthaft fragt, was überhaupt Sinn und Zweck eines so winzigen Hundes ist. Insgeheim stimme ich ihm zu, aber ich schätze, Kebab schaut eben einfach niedlich aus mit den kleinen Schleifchen, die Juliet an sein Halsband bindet. Ich würde Philip niemals mit irgendwelchen Menschenklamotten erniedrigen.

Jedenfalls: Ich muss Lauf Nummer drei am Freitag unterbringen, damit meine neue Laufwoche wieder samstags starten kann. Sarah und ich machen allmählich echte Fortschritte. Ich bin bereits eine volle Minute am Stück gerannt – und das nicht nur, ohne zu sterben, sondern gleich noch einmal ein paar Minuten später. Zwar fühlt das Laufen sich nach wie vor nicht wirklich toll an, weil es unverändert wehtut; was ich aber tatsächlich sehr genieße, ist das Gefühl danach: Ich bin jedes Mal stolz, stolzer, am stolzesten, komme heim, ziehe meine Kuschelhosen an und alles ist flauschig, flauschiger, am flauschigsten. Manchmal überspringe ich die Ruhetage, wenn die Chance sich bietet, aber diese Woche war es richtig knifflig, denn Dad hat Philip gleich mehrfach selbst ausgeführt. Ohne dass ihn jemand darum gebeten hatte. Der Sack! Vermutlich hätte Philip gegen zwei Gassirunden am selben Abend überhaupt nichts einzuwenden; ich bin bloß noch nicht bereit, irgendjemandem von meiner besten Freundin Sarah und unserem geheimen Laufclub zu erzählen. Meiner Familie nicht, und *ganz bestimmt nicht* meinen beiden eigentlichen besten Freundinnen. Okay, Themawechsel: ES KLINGELT!

Juliet steht mit Kebab vor der Tür und hält etwas im Arm, das ich zuerst für echten Kebab halte, sich dann aber als riesige Portion Pommes (von der Kebabbude) entpuppt. Sie behauptet, Mum würde nie genug kochen. Mum kocht immer genug. Allerdings bestehen ihre Mahlzeiten aus Salat, Reis und Gemüse. Mum ist Veganerin. Dad Vegetarier. Clara und ich sind zu Hause mehr oder weniger Pescetarierinnen (denn wer kann schon Käpt'n Iglo [oder unterwegs mal einem Burger] widerstehen) und Juliet ist eine Art Fastfood-Junkie, getarnt als trendiger, hypergesundheitsbewusster Clean-Eating-Guru. Ich kenne niemanden, der mehr Brownies isst als sie. Manche davon sind mit Rohkakao und Süßkartoffeln gebacken und schmecken widerlich, aber in den meisten stecken ganz schlicht Butter und Schokolade. Als sie mich sieht, mustert sie mich von oben bis unten und ich merke, dass sie etwas anderes wahrnimmt als sonst.

»Du bist größer«, sagt sie schließlich.

»Nein, du bist größer!«, widerspreche ich und stelle mich neben sie. Ich bin schon groß, aber Juliet ist eine wahre Riesin. Meine Eltern sind ebenfalls groß. Wir sind eine große Familie, kein Zweifel, aber Juliet ist eine Amazone. Allerdings hat sie eine Statur wie Mum: feingliedrig und yogaschlank. Graziös. Ich dagegen bin mit Dads Statur gesegnet, der hochgeschossen und breit gebaut ist.

»Ich liiiieeebe deine Turnschuhe.« Juliet trägt goldene Sneakers – sie glitzern tatsächlich wie echtes Gold, und die Maserung des Leders erinnert an Spitze. Die Sohlen wirken megagepolstert und federn mit Sicherheit einmalig. »Darf ich sie mal anprobieren?«

Mir passen sie nicht, aber sie sind so wunderschön, dass ich trotzdem ein Foto davon mache und es mit dem Hashtag #DearSanta auf Instagram hochlade.

»Deine Leggings und dein Sweater sind auch zum Dahinschmelzen!« Ich kann mich nicht beherrschen – Juliets schniekes Sportoutfit stürzt mich ins Schwärmen, aber das ist nichts Neues. Schon früher wollte ich immer an jenen Tagen, an denen wir von der Uniformpflicht befreit waren, ihre Klamotten zur Schule tragen. Jetzt will ich sie, um tatsächlich darin Sport zu treiben. Wer hätte das gedacht?

»Ähm, Juliet. Diese Sohlen sind ja noch blütenweiß – gehst du damit überhaupt wirklich laufen?«

»Tja, in diesen war ich noch nicht unterwegs, aber vielleicht lege ich vor meiner Pilatesstunde noch zwanzig Minuten auf dem Laufband ein.«

»Aber läufst du denn nie draußen?«

»Nee«, meint sie und beißt auf ein Pommesstäbchen. »Ruiniert die Schuhe.«

Also, wenn das mal kein echter, leidenschaftlicher Einsatz ist: Ich habe beschlossen, heute Abend zu Caro zu gehen UND meine Laufrunde zu drehen, und genau deshalb schleife ich Philip jetzt zu unchristlichsten Zeiten um sechs Uhr morgens vor die Tür. Und ich schnaufe wie eine Lokomotive, weil wir uns das komplette Aufwärmprogramm geschenkt und direkt zu rennen begonnen haben, obwohl die schicken Villen noch in weiter Ferne sind. Ich hatte keine Zeit, zu warten, bis Scruples in Sicht kam. Wäre es nicht so absurd früh, hätte ich größere Sorge, jemandem zu begegnen, den ich kenne, aber mal ehrlich: Wer außer anderen irren Läufern und Gassigängern ist schon um diese wahnwitzige Zeit unterwegs? Ich hoffe sehr, Minnie Michaels weiß das zu schätzen.

Für Mum und/oder Dad habe ich einen Zettel dagelassen, auf dem steht, dass ich nicht schlafen konnte, mir deshalb Frühstück machen wollte, dann aber von Philip so lange genervt wurde, bis ich mit ihm losgezogen bin. Eine ziemlich lange Nachricht. Die Details habe ich für mehr Glaubwürdigkeit eingestreut, aber rückblickend klingt mein Text eher wie der Anfang eines ziemlich schrottigen Romans. Wie auch immer: Hier sind wir nun, und um die Folgen kümmern wir uns später. Mit ein bisschen Glück kommen wir zurück, ehe überhaupt jemand aufwacht, und ich kann meine kreativen Schreibergüsse in den Papierkorb befördern.

Sarah versichert mir, dass ich mich großartig halte. Schon bald dehnen wir die Laufphasen noch mal erheblich aus, und es wird mir keinerlei Probleme bereiten. Heute starten wir schon mit neunzig Sekunden Rennen und Gehen im Wechsel und arbeiten uns schrittweise bis zu Drei-Minuten-Intervallen hoch. Hätte mir vor ein paar Wochen jemand erzählt, dass ich bald in der Lage sein würde, drei Minuten am Stück zu joggen, hätte ich geantwortet … na ja, ich hätte geantwortet, dass das nach einem Klacks klingt und ich sofort loslegen kann. Aber das wäre ein Irrtum gewesen. Damals, jung und naiv, wie ich war, wusste ich noch nicht, wie schrecklich und schwierig Laufen ist.

In kaum sechs Wochen – eher weniger – werde ich dreißig Minuten ohne Pause rennen, und das, verehrtes Publikum, ist eine respektable Leistung, die zu der Aussage berechtigt, man wolle jetzt »eine Runde laufen« gehen. Vielleicht wird es sich dann auch richtig anfühlen, Mum und Dad und eventuell sogar Jodie und Caro einzuweihen. Und danach wiederum kann ich Mum um goldene Laufschuhe und atmungsaktive T-Shirts bitten.

All dem würde ich allerdings wesentlich zuversichtlicher entgegensehen, wenn diese letzten drei Minuten heute nicht der absolute Horror wären. Wie um alles in der Welt soll ich eine solche Tortur zehn Mal direkt hintereinander überleben? Oh, halt die Klappe, Alice. Um die Monsteraufgabe der letzten Woche kümmern wir uns, wenn es so weit ist. Vertrau auf den Podcast. Vertrau Sarah. Sie hat mich schließlich noch nie im Stich gelassen. Sondern immer ein paar weise Worte parat, um mich anzutreiben. Sprich zu mir, Sarah …

… Sarah?

»Nur noch zwei Minuten!«

Ich konnte dich von Anfang an nicht leiden, Sarah.

Minnie Michaels

Wir verkriechen uns bei mir zu Hause. Daniel weiß nicht, dass wir uns verstecken. Er glaubt, wir hauen uns bloß vor den Fernseher, weil Paare das eben so tun. Wir normalerweise zwar nicht, doch seit meinem Unfall ist ja nichts mehr wirklich normal.

Jetzt bin ich ein Mädchen, das kein Training hat, zu dem es gehen, und keine Turniere, auf die es sich vorbereiten muss. Jetzt bin ich ein Mädchen, das nicht in die Bezirksmannschaft kommen wird. Eins, das es nicht in die Oberliga schaffen wird. Jetzt bin ich ein Fernsehserienjunkie, ein Mädchen, das unbewusst und nebenbei eine ganze Dose Pringles in sich hineinstopft.

Mein Handy blinkt mich an, aber ich würdige es nicht einmal eines Blickes.

Seit ich all die Gruppenchats meines Teams sehe, ohne wirklich noch dazuzugehören, finde ich sie irgendwie … langweilig. Für gewöhnlich haben die Nachrichten nicht einmal einen echten Inhalt. Meist handelt es sich lediglich um Anfeuerungsreden und Lob und Lach-Emojis und ewige Schwelgereien in Erinnerungen an Dinge, die gerade erst passiert sind. Mit einem Mal kommt es mir vor, als würde ich diese Mädchen eigentlich gar nicht kennen. Wieso ist mir nie aufgefallen, dass ich nicht einmal weiß, wann Sophie Geburtstag hat? Oder ob Bella Einzelkind ist oder Geschwister hat? Ich habe jedenfalls nicht den blassesten Schimmer, welche Hoffnungen und Träume die anderen jenseits von Netball hegen. Ob sie andere Hobbys haben. Oh Gott, was, wenn sie alle anderweitig total aktiv sind? Vielleicht ist Tina B. eine begnadete Köchin? Mag sein, dass Naomi richtig gut Klavier spielt. Gut möglich, dass Emily vorhat, Astrophysik an der Uni zu studieren, und Melanie brennt am Ende gar dafür, Archäologin zu werden. Wer auch immer sie sein mögen: Sie haben es nicht verdient, dass ich ihnen mit meinem schrecklichen BurgerShack-Erlebnis die Stimmung vermiese. Aber den Drang, mit jemandem darüber zu reden, verspüre ich trotzdem.

Daniel ist mittlerweile eingedöst. Es wirkt völlig entspannt und behaglich. So ist er einfach, oder?

Ich hole tief Luft und schreibe dann Sophie eine private Nachricht.

Hey, hast du dieses Wochenende mal Lust, einen Kaffee trinken zu gehen?

Sie antwortet sofort. Hey, Lust hätte ich absolut, aber da ist ja leider mein Wochenendjob ... fühl dich gedrückt!

Sophie hat einen Wochenendjob! Das wusste ich nicht. Ich habe mir noch nie überhaupt auch nur Gedanken darüber gemacht, ob ich mir einen Job suchen sollte.

Die nächsten fünfundvierzig Minuten verbringe ich damit, mich in ein neues Stimmungstief hineinzuwühlen. Über Sophie und ihren Job nachzugrübeln. Über die anderen Mädchen und ihre sicherlich prall ausgefüllten Leben. Die Mädels aus dem BurgerShack kommen mir wieder in den Sinn, die sich über meine Haare lustig gemacht haben. Über mich. Und aus irgendeinem Grund fällt mir erneut ein, wie wir für diese Fotos posiert haben, wie ich so getan habe, als würde ich mit Lena und Alice Daly-Donne lachen. Wir haben gewiehert, als hätte eine von uns den besten Witz aller Zeiten erzählt. Die Abspannmusik weckt Daniel, und er lächelt mich mit verschlafenen Augen an.

»Was habe ich verpasst?«, fragt er.

Ich spare mir die Mühe, ihn darüber ins Bild zu setzen, was in der Folge passiert ist. Die Handlung war dämlich, und wirklich hingeschaut habe ich ohnehin nicht.

»Keine Ahnung«, sage ich.

»Wie meinst du das, keine Ahnung? Bist du auch eingenickt? Ich kann zurückspulen, wenn du magst.« Er ist verwirrt, und ich kann mich nicht dazu aufraffen, ihm zu helfen.

»Nein. Ich habe nicht geschlafen!«, antworte ich lauter als geplant. Wütender als geplant. Jetzt ist er vollkommen konfus.

»Ähm … okay?«

»Ich will es nicht noch mal angucken!« Die Vorstellung, das Ganze ein zweites Mal erdulden zu müssen, bereitet mir Magenschmerzen.

»Gut …« Er schaltet den Fernseher aus und steht auf. »Stimmt was nicht?«

»Ich bin bloß …« Ich habe nicht den Hauch einer Idee, was ich bin. »… müde. Die Couch ist unbequem. Ich will ins Bett.« Das klingt plausibel, denke ich.

»… hmm, klar, in Ordnung.« Er reibt sich den Kopf wie ein Bär. Er ist so lieb, und im Augenblick ärgert mich sogar das. Wieso ist er so lieb zu mir?

Ich brodele innerlich, und obwohl das völlig untypisch für mich ist, bohrt er nicht nach.

»Na dann – wir sehen uns.« Ohne ein weiteres Wort dreht er sich zur Tür und geht.

Die Textnachricht kommt ein paar Minuten nach dem Einrasten des Türschlosses.

Ich liebe dich, mein Girl.

Die Tränen in meinen Augen lassen die Buchstaben verschwimmen.

Lena Singleton

kann es nicht erwarten, wieder auf die Bahn zu kommen.

Aimee hat mir die ganze Geschichte mit Seb definitiv und endgültig verziehen, und vielleicht stehen die Zeichen für die beiden inzwischen wieder auf rosiger. Während des Leichtathletiktrainings habe ich sie am Spielfeldrand plaudern gesehen. Aimee wartet auf mich, damit wir nach Trainingsschluss zusammen noch ein bisschen abhängen können. Was Seb hierhergeführt hat, kann ich nicht mit Sicherheit sagen.

Auch heute schlage ich mich auf der Strecke wieder richtig gut. Ich nutze Räume, ich bremse nicht vor der Ziellinie. Ich bin so voll Adrenalin, dass ich die Sprints wieder und wieder laufen könnte. Meine Gedanken wandern zu Minnie Michaels. Sobald sie genesen und zurück ist, werde ich bereit für sie sein. Sie wird gar nicht wissen, wie ihr geschieht. Ich wette, sie rechnet damit, selbst nach Monaten aus der Übung unverändert die Nase vorn zu haben. Dass sie einfach hier auftaucht und erwartet, nach wie vor die Beste zu sein, bloß weil es eben immer so gewesen ist. Aber die Dinge ändern sich. Ich ändere mich.

Ich winke Aimee zu, während ich mich an der Linie ein weiteres Mal startbereit mache.

»Woohoo, Ms Bolt«, brüllt sie, und ich explodiere aus dem Startblock – jep, wie ein Blitz. Gleißend weiß. Ich stelle mir vor, Minnie läuft auf der Bahn neben mir. Bleibt in meinem Staub zurück, während ich voranpresche. Die Ziellinie übersprinte und dann zuschaue, wie sie nach mir eintrudelt. Gewinne.

Aimee lädt mich nach dem Training zu sich nach Hause ein. Ihre Mum ist ein bisschen seltsam. Ein bisschen fahrig und chaotisch. Sie bietet nicht an, uns etwas zum Abendessen zu machen. Ich sollte Aimee irgendwann einmal zu uns nach Hause mitnehmen, wenn Dad Hähnchenschenkel auf jamaikanische Art zubereitet. Allerdings bin ich mir nicht sicher, ob sie die essen würde.

Wir sitzen in ihrem Zimmer und starren auf das Foto von uns beiden, das in einem Rahmen auf ihrem Schreibtisch steht. Es ist noch nicht besonders alt, aufgenommen an ihrem letzten Geburtstag, und ich mag es nicht sonderlich gern. Sie ist total aufgebrezelt, aber ich dachte, die Feier wird bloß eine Mädels-Übernachtungsparty im kleinen Kreis, deshalb trage ich meine ausgeleierten Jogginghosen. Wir haben einander die Arme um die Schultern gelegt, aber keine von uns lächelt aufrichtig. Sie zieht eine Art Schmollmund, wie auf all ihren Selfies. Ich vermute ziemlich stark, dass sie das Bild nur gerahmt hat, weil sie selbst sich darauf gefällt.

Ihre Schwestern schlendern ins Zimmer herein und wieder hinaus und stören unsere Unterhaltung. Sie necken Aimee, was für große Schwestern wohl normal ist. Keine Ahnung. Aimee reagiert recht harsch.

In einem fort redet sie von Sebastian. »Also: Meinst du, er mag mich?«

Ich habe keinen blassen Dunst. »Klar, ganz bestimmt.«

»Jaaa, als wir uns zusammen dein Training angeguckt haben, hat er ewig lange mit mir geredet. Warum sonst hätte er nach der Schule dableiben sollen?«

»Eindeutig.«

»Verrate ihr nichts, aber ich glaube, Tasha macht sich bei Max völlig falsche Illusionen. Vermutlich kennt er nicht einmal ihren Namen.«

»Ach, na ja, das denke ich schon. Die zwei haben schließlich Geografie zusammen, wenn ich mich nicht täusche.«

»Tja, wie auch immer: Lewis mag jedenfalls definitiv dich.«

Das ist kompletter Schwachsinn. Lewis und ich haben in vier gemeinsamen Schuljahren etwa fünf Worte miteinander gewechselt. Er hat nie auch nur ansatzweise Interesse an mir gezeigt. Aber ich merke, dass das für Aimee im Grunde ohnehin belanglos ist. Sie sagt es als Nettigkeit. Eine Art Anerkennung. Hurra, du bist begehrenswert. Ist das etwas, wonach ich streben sollte? Etwas, das mir wichtig sein sollte? Aus Aimees Sicht offenbar schon. Ich ahne, dass es für sie etwa dem Sieg in einem Rennen gleichkommt: sich Sebastian Edwards zu angeln entspricht einem Triumph über Minnie Michaels im Sprint über einhundert Meter.

Weshalb sie Minnie Michaels derart auf dem Kieker hat, ist mir ebenfalls ein Rätsel, aber in dieser Sache schließe ich mich ihr nur zu gern an.

»Übrigens, hast du schon gehört, dass Minnie in diesem Halbjahr überhaupt keinen Sport mehr machen darf?«

»Na, da braucht sie ihr hohes Ross vorerst nicht mehr zu satteln.«

»Gar kein Ross. Mit gebrochenem Hals kann man nicht reiten.«

»Schulter, Arm, egal. Ich frage mich, ob ihre Muskulatur in der Regenerationsphase vollkommen verkümmert.«

»Beim Bein meines Cousins war das so! Als der Gips abgenommen wurde, war es total dürr und haarig und so weiß, dass es schon bläulich geschimmert hat.«

»Klingt eklig.«

»Und auch noch kurz vor dem Sommerball … Pech!«

»Hey, wir sollten alle zusammen zum Ball gehen, mit Tasha und Nikki. Wir könnten uns vorher auch gemeinsam fertig machen.«

»Oh, aber ich gehe mit Sebastian und du mit Lewis.«

Hmm, das werden wir noch sehen. Und dann fügt sie, beinahe nur für sich selbst, leise hinzu: »Ha, genau, und Daniel Turner wird nicht so selbstzufrieden wie sonst herumstolzieren, mit einer halbseitig ausgemergelten Minnie am Arm.«

Inzwischen begutachtet sie sich selbst im Spiegel. Hält ihr Haar in unterschiedlichen Varianten hoch. Ihr Blick ist regelrecht verschleiert, und für einen kurzen Moment habe ich Mitleid mit ihr. In der Schule tut sie so selbstbewusst, aber innerlich ist sie zerfressen von Wut und Hass. Ich frage mich, wie viel davon sich gegen sie selbst kehrt, wenn sie allein ist.

Alice Daly-Donne

findet, Jacob Porter ist wie Picasso, bevor den Leuten klar geworden ist, welches Genie er war.

Jacob Porter macht diese Kunststunde so viel amüsanter, und ich frage mich, weshalb wir nicht häufiger Zeit miteinander verbringen. Er ist um Welten witziger als Jodie oder Caro, und er scheint sich tatsächlich für das, was ich sage, zu interessieren. Wieso kann ich heute nicht lieber bei ihm übernachten? Ach ja, richtig, weil Mädchen und Jungs nicht einfach miteinander befreundet sein können, ohne dass alle pfeifen und grölen und anzügliche Kommentare abgeben. Ganz ehrlich und eindeutig: Zwischen mir und Jacob läuft nichts, das eine solche Reaktion auch nur ansatzweise rechtfertigen würde. Zunächst einmal glaube ich, dass er auf Jungs steht, und ich bin nun mal ein Mädchen. Okay, vielleicht ein riesengroßes Mädchen, das den Preis in der Kategorie »Höchstwahrscheinlich als Mädchen getarnter Junge« abräumen würde, aber durch und durch ein Mädchen. Und nicht, dass ich größenfixiert wäre oder so, außer im Hinblick auf mich selbst, aber Jacob Porter ist winzig. Wie ein Elf. Der Gedanke, dass zwischen uns irgendetwas Romantisches laufen könnte, ist nicht nur lachhaft, sondern Slapstick. Trotzdem fürchte ich, Mum und Dad würden mir niemals erlauben, bei einem Jungen zu übernachten, selbst wenn es sich bei ihm um einen schwulen Elfen handelte.

Wieso bereitet mir die Vorstellung, den Abend zusammen mit meinen ZWEI BESTEN FREUNDINNEN bei Caro zu verbringen, solche Bauchschmerzen?

Jacob erzählt mir irgendeine Geschichte darüber, dass er versucht hat, aus einem Schminktutorial bei YouTube schlau zu werden, und ich hyperventiliere fast vor Lachen über seine Beschreibung, wie der »Sonnenstrahl« des Highlighters sanft in die vom Rouge geschaffene »tropische Röte« übergehen soll, um den Eindruck eines skulptierten Wangenknochens zu erreichen – »skulptiert wie eine echte Terrakotta-Skulptur ... einer Scheibe Schinkenspeck« –, bis Miss Hallam uns mit einem warnenden Hüsteln zu verstehen gibt, wir beruhigen uns jetzt besser, ehe sie sich genötigt sieht, aufzustehen und zu uns herüberzukommen. Ich wirbele auf meinem Stuhl um die eigene Achse und versuche, meine Atmung unter Kontrolle zu bekommen, und dabei erhasche ich den Anderen Jacob im Profil. Er sitzt so dicht über sein Skizzenheft gebeugt, dass er bestimmt schielen muss, um scharf zu sehen. Und sein Rücken wird sich an ihm rächen, sobald er aufsteht. Sein weiches Haar ist nach vorne gefallen und schwingt sinnlich im Takt seiner manischen Schraffierbewegungen. Will er einfach bloß das komplette Blatt einschwärzen? Was für ein Spinner. Habe ich gerade »sinnlich« gedacht? Ich meinte ... »rhythmisch«. Eine neutrale Feststellung, keine Hintergedanken. Außer dem, dass er ein Spinner ist.

Und sexy.

Ich starre ihn an, und er bemerkt es. Natürlich. Meine Augen brennen kleine Löcher in seinen Körper. Ich rechne jeden Moment damit, dass er »Autsch« sagt oder ärgerlich wird, aber er lächelt nur und schiebt sich die Haare aus dem Gesicht, bevor er sich wieder seiner Zeichnung/Schraffur widmet.

»Also ... Jacob Altman, hmm?«

»Nein! Was? Du bist mein einziger Jacob!«, sage ich zu Jacob Porter, auf dessen nervigem Elfengesicht ein kleines, selbstzufriedenes Lächeln spielt.

»Mmmhmm ...« Er ist mir auf die Schliche gekommen.

»Erzähl mir lieber mehr von deiner Schinkenschminkerei. Wie ist das Ganze am Ende geworden?« Er lässt sich leicht ablenken.

»HA! So miserabel, dass ich das Video vollständig überarbeitet habe – denn natürlich hatte ich alles aufgenommen, mit dem Hintergedanken, dass ich mit genialen Make-up-Videos als YouTuber Karriere machen könnte.«

»Moment, du hast ein Video davon gedreht, wie du ein anderes Video nachstellst?«

»Jep, Baby, das nennt sich Metaebene ...«

»Alles klar ...«

»Jedenfalls war das Ergebnis am Ende so lustig, dass ich es doch zusammengeschnitten und mit dem Titel ›HILF MIR, KIM KARDASHIAN‹ hochgeladen habe, und es ist praktisch durch die Decke gegangen.«

Minnie Michaels

kommt zurück zur Schule.

Ich habe es geschafft, beinahe drei schulfreie Wochen herauszuschinden, doch ab morgen gelten keine Ausflüchte mehr. Die Schlinge trage ich zwar nach wie vor, aber meine Schulter tut nicht mehr weh und anscheinend macht es keinen Unterschied, ob sie heilt, während ich auf dem Sofa sitze – oder im Klassenzimmer quadratische Gleichungen löse. Also muss ich wieder zurück.

Mum sagt in einem fort, ich müsse doch sicher »ganz aufgeregt« sein und könne es »bestimmt kaum erwarten«, meine Freunde wiederzutreffen. Für meine neuerdings dauerhaft schreckliche Laune macht sie »dieses ständige Eingepferchtsein hier zu Hause« verantwortlich. Aber eingepfercht zu sein ist das Einzige, was mich vor all den Gesichtern bewahrt, die ich nicht sehen will. Denen der Mädels meines Teams, die von mir erwarten werden, dass ich an der Seitenlinie sitze und mich kameradschaftlich mitfreue, bis ich wieder gesund genug bin, um selbst zu spielen. Dem Gesicht unseres Trainers im Club, der von mir verlangen wird, dass ich besonders hart arbeite, um schnell wieder mein altes Level zu erreichen und nächste Saison in den Auswahlspielen für die Bezirksmannschaft zu glänzen. Den Visagen von Aimee Bradbury und Lena Singleton … keine Ahnung, was die zwei von mir wollen, aber es fühlt sich an, als würden sie mir wie Wölfe am Schultor auflauern.

Das Gesicht aber, das ich am allerwenigsten ertrage, ist mein eigenes – weil es sich überhaupt nicht verändert hat.

Wie soll ich mir selbst klarmachen, dass in mir drin etwas anders ist und ich diese Person nicht mehr sein will? Und auch nicht diejenige, über die Lena und Aimee gelacht haben. Dabei geht es nicht um meine Frisur oder andere Äußerlichkeiten – ich habe das Gefühl, dass ich mich in den vergangenen drei Wochen allmählich aufgelöst und keinen sicheren, starken Kern in der Mitte vorgefunden habe. Sport war nur etwas, zu dem andere Leute mich gedrängt haben. Netball und das Team und die Schule haben mich lediglich umkreist wie Planeten, in der Bahn gehalten durch Gravitation. Netball war weniger meine Identität als vielmehr eine Fassade, die darüber hinweggetäuscht hat, dass ich ohne gar keine hätte. Wie armselig ist das denn?

Und nun stellt sich heraus, dass ich nicht einmal den blassesten Schimmer habe, was ich sonst mag. Ich weiß, dass ich Daniel mag. Und gerne draußen bin. Mich gern bewege. Vielleicht noch französische Filme toll finde? Vielleicht kann ich Gefallen an mit Espresso übergossenem Vanilleeis finden. Ich versuche, im Kopf einen Lebenslauf für meine Zukunft zu schreiben. Wo liegen meine Stärken? Meine Gedanken sind zäh und schwerfällig.

Und inmitten von alldem geht mir auf, dass ich nicht einmal echte Freunde habe, mit denen ich mich über so etwas unterhalten könnte …

Lena Singleton

fühlt sich guuuuhuuut

dum-di-dum-di-dum-da-da

Ich werde Dad den besten Tag – Abend – seines Lebens bescheren. Die beste Nacht. Denn heute Abend sage ich Ja. Zeig mir das Licht, Dad. Reich mir dieses Armband. Lass es uns anpacken. Im Ernst. Ich bin dabei. Ich *will* bei deinem Laufclub mitmachen. Er lädt mich jedes Mal ein, und meistens schütze ich Hausaufgaben vor. Aber die Wahrheit ist: Der Treff findet spät statt und ich bin müde und manchmal will ich unter seinem kritischen Blick keinen Meter mehr laufen als unbedingt nötig. Aber heute Abend sage ich Ja. Er wirkt überrascht. Und dann sehr, sehr glücklich.

»Mr Day hat mir erzählt, dass du im Leichtathletiktraining alle überflügelst.«

»Ja, es läuft ganz gut im Moment.«

»Das ist fantastisch, Schatz. Er hat gemeint, du könntest im Wettkampf für die einhundert Meter aufgestellt werden.«

»Wow, echt?«

»Wenn du so weiterrennst wie derzeit!«

Bislang besteht der örtliche Laufclub nur aus Erwachsenen, aber Dad versucht schon länger, auch ein paar jüngere Mitglieder zu gewinnen. Manchmal treffen die Läufer sich an der Tartanbahn, um Sprints und dergleichen zu üben, so wie Dad und ich mittwochmorgens. An anderen Abenden machen sie zusammen längere Läufe. Die wenigen Male, bei denen ich schon dabei gewesen bin, fanden immer auf der Bahn statt, deshalb erwischt Dad mich mit seiner Aussage, dass heute Abend ein Lauf über zehn Kilometer ansteht, ein wenig kalt. So weit bin ich noch nie gelaufen. Ich weiß nicht einmal, ob ich das durchhalte.

»Keine Sorge, Lena. Lauf einfach mit, so gut du kannst. In deinem eigenen Tempo«, meint er zu mir, ehe er sich mit einer Beschreibung der Route an die Gruppe wendet. Er hat kleine Karten ausgedruckt und die Strecke mit blauem Textmarker eingezeichnet.

Sobald wir losgelaufen sind, zerfällt der Pulk ganz von selbst in kleinere Grüppchen, und ich hänge mich fürs Erste an Dad.

»Wenn du das Gefühl hast, Tempo herausnehmen oder früher abbrechen zu müssen, ist das völlig in Ordnung. Dann treffen wir uns zu Hause wieder.« Eine Erleichterung, dass er heute Abend keine Höchstleistungen von mir erwartet.

»Und es gibt Pfannkuchen«, ergänzt er mit einem Lächeln.

»Na, dafür lohnt es sich doch mal, zu laufen!« Ich lache. Und danach reden wir nicht mehr. Wir joggen Seite an Seite und irgendwie gelingt es mir, mit ihm Schritt zu halten. Einige der richtig schnellen Läufer vor uns sind bereits außer Sicht, und eine andere Gruppe haben wir weit abgehängt. Ringsum rennen ein paar Pärchen und Einzelkämpfer. Ich höre nichts außer dem Geräusch trappelnder Füße auf dem Asphalt und unseres Atems in der kühlen Abendluft.

Nach rund zwanzig Minuten fragt Dad: »Und, wie gehts dir?«

Ich überrasche mich selbst mit meiner Antwort: »Großartig. Ich liebe es! ... Du bist ein guter Coach, Dad.«

Er lächelt und wir rennen weiter.

»ICH LAUFE!«, ruft er der Gruppe zu.

»WIR LAUFEN!«, schallt es zurück. Und das tun wir. Weiter und weiter.

Unfassbarerweise absolviere ich die komplette Strecke. Zum Schluss hin werde ich müde, und ich vermute, dass Dad sein Tempo bewusst verlangsamt, um bei mir zu bleiben. Einige der anderen überholen uns in den letzten zehn Minuten, aber schließlich sind wir da. Am Ende der blauen Linie.

»Meine ersten zehn Kilometer!«, japse ich zwischen tiefen, abgehackten Atemzügen. Mit einem Mal bin ich vollkommen erschöpft.

»Mein Mädchen!«, sagt Dad. »Eine geborene Langstreckenläuferin. Das war wunderbar.«

Ich finde, irgendwie hat er recht.

Alice Daly-Donne und Caro Townes und Jodie Benn

sind (ganz gefesselt von) 30 über Nacht.

Okay, ganz ehrlich: Unsere Übernachtungspartys sind immer echt witzig. Wir besorgen uns jede Menge zu essen. Caros Mum spendiert uns sogar etliche Köstlichkeiten von Marks & Spencer, darunter ein paar göttliche Jaffa Cakes mit Zitronen- und Limonengelee, von denen ich möglicherweise ungefähr zwölf verputze. Wir ziehen unsere Pyjamas an und legen Gesichtsmasken auf, weil das die Mädels im Fernsehen bei Übernachtungspartys so machen. Keine von uns benutzt jemals sonst Gesichtsmasken, aber spaßig ist es in jedem Fall, weil Jodie sie immer mehr oder weniger versehentlich ableckt und uns dann davon zu überzeugen versucht, dass sie tatsächlich ziemlich gut schmecken. Wir schauen Filme, die wir schon eintausend Mal gesehen haben. *30 über Nacht* ist einer unserer

Favoriten – vermutlich, weil wir alle insgeheim den Gedanken, dreißig zu sein, toll finden. In einem Büro zu arbeiten. Schicke Klamotten zu tragen, Dokumente zu tackern. Kaffee aus Pappbechern zu trinken.

Natürlich verbringen wir viel, viel Zeit damit, durch die sozialen Netzwerke zu scrollen.

»Du hast deinen Status in letzter Zeit ja nicht sonderlich oft aktualisiert«, merkt Caro an.

Das liegt daran, dass ich alles auf privat gestellt habe, damit ich meine Läufe dokumentieren kann. »Ähm, ich schätze, besonders viel ist bei mir einfach nicht passiert.«

»Das hat dich bisher nie vom Posten abgehalten.«

Touché. »Okay, dann aktualisiere ich ihn jetzt. Und markiere euch beide.«

Vier Likes bekomme ich sofort. Von Caro und Jodie natürlich. Und von Jacob Porter und dem Anderen Jacob! Ist er auch ein Fan von *30 über Nacht*? Na ja, offen gestanden: Wer könnte diesen Film nicht lieben? Trotzdem hat er nie zuvor meinen Status gelikt. Ich stöbere durch sein Profil. Er ist kaum aktiv. Eine sehr aufregende Entwicklung. Ich werde versuchen müssen, in den nächsten Tagen einige weitere Updates zu posten. Wenn er sie alle likt, ist er in mich verliebt. Wenn nicht, steht er bloß wirklich auf *30 über Nacht*.

Der Rest des Abends verschwimmt zwischen jamaikanisch gewürzten Pita-Chips und marokkanischem Hummus, ein paar Runden iPod-oke (wie Karaoke, bloß dass man dabei den eigentlichen Song überbrüllt, obwohl niemand den Text kennt) und Gelächter. Mir ist völlig schleierhaft, weshalb ich solche Bauchschmerzen vor dieser ganzen Sache hatte. Die zwei sind meine besten Freundinnen. Ich liebe sie über alles. Klar, auch diesmal kichern sie über ein paar Dinge, in die ich nicht eingeweiht bin. Ihr Mathelehrer scheint immer für reichlich Erheiterung zu sorgen. Aber was solls, kein Weltuntergang.

Wir reden über den Sommerball und beschließen, allesamt Kleider im Fünfzigerjahre-Stil anzuziehen, wie in *Grease*. Ich schlage vor, dass es vielleicht witziger wäre, wenn wir uns so anziehen, als wären *wir* in unseren Fünfzigern, und dafür die Kleiderschränke unserer Grandmas plündern. Jodie fällt ein, dass es in der Stadt einen Laden gibt, der auf Vintage-Kleider spezialisiert ist und angeblich eine richtig tolle Auswahl hat, und dann meint sie zu mir: »Die kannst du sogar mit Turnschuhen tragen und trotzdem süß darin aussehen.«

Highheels sind nichts für mich. Noch nie gewesen. Diese Idee gefällt mir. Ich könnte mein Kleid mit Turnschuhen kombinieren, die natürlich – als meine Partyschuhe – ein bisschen glamouröser sein müssten als meine verschrubbten alten Vans.

»Ich weiß die perfekten Schuhe!«, rufe ich und zeige den beiden Juliets irre tolle goldene Sneakers auf meinem Handy, und beide stimmen mir zu, dass sie für einen Ball absolut tauglich wären.

»Ballwürdig«, urteilt Caro.

»Selber ballwürdig«, antworte ich, und dann brechen wir abermals in wildes Hyänengegacker aus.

Alice Daly-Donne und **Caro Townes** und **Jodie Benn** sind ballwürdig.

Jacob Altman gefällt dein Status.

Minnie Michaels

Daniel hat mich nicht abgeholt. Wir verabreden nie, dass wir zusammen zur Schule gehen, aber für gewöhnlich taucht er einfach auf oder stößt unterwegs zu mir, und heute ist das nicht der Fall gewesen. Ich bin schon beinahe am Schultor und frage mich, ob ich einfach weiterlaufen sollte.

Ich habe mich nicht dazu durchringen können, mich für meine komische Stimmung zu entschuldigen, weil ich nach wie vor nicht in der Lage bin, zu erklären, was mich so wütend macht. Er hat mir zwar unsere übliche Textnachricht mit der Liebesbekundung geschickt, nachdem er gegangen war, allerdings nur, weil es eine *brutale* Botschaft gewesen wäre, sie zurückzuhalten. Er war nachsichtig mit mir, aber jetzt liegt es an mir, die Dinge wieder ins Lot zu bringen.

Ich stehle mich ins Klassenzimmer zur Anwesenheitskontrolle und bemühe mich nach Kräften, sämtlichen Augen auszuweichen. Mein Handy verstecke ich unter der Tischplatte, sodass ich ihm schreiben kann.

Es tut mir leid. Es liegt an mir, nicht an dir.

Er antwortet wenige Augenblicke später: Ich weiß.

Autsch. Ich bin vollkommen ratlos, was ich darauf erwidern soll. Er tippt weiter.

Aber was ist ›es‹?

Keine Ahnung.

Jetzt schwimme ich.

Ich auch.

MIN, MACHST DU GERADE WÄHREND DER ANWESENHEITSKONTROLLE PER WHATSAPP MIT MIR SCHLUSS?

Ich schnappe so laut nach Luft, dass ein paar Leute sich neugierig zu mir umdrehen. Zum Glück interessiert unser Lehrer sich nicht dafür.

NEIN!!!!!!!!!!!!!!!!!!!!!!!!!!!!!!

Okay, gut. Dann sehen wir uns in der Pause.

Lena Singleton

ist nicht bereit, sich schlagen zu lassen.

Heute war Minnie Michaels wieder in der Schule. Ich habe nur aus der Ferne einen Blick auf sie erhascht, und sie trägt nach wie vor eine Schlinge, aber allein schon ihre Anwesenheit weckt eine kleine, garstige Stimme in meinem Hinterkopf: Sie ist gekommen, um meine Siegesserie zu ruinieren. Mir all die positiven Schwingungen zu stehlen. Mich vor meinem Dad zu blamieren.

Ich will die Tartanbahn nicht aufs Neue mit ihr teilen. Die Vorstellung, wie sie über den Haufen gerannt wird, explodiert vor meinem geistigen Auge wie ein Feuerwerk. Ich hätte nichts dagegen, wenn ihr erneut ein Unfall passiert. Dann aber fange ich meinen hässlichen Gedanken ein und zügele mich selbst. Nein. Ich werde sie einfach schlagen müssen.

Aimees Miene schaut etwa so aus, wie ich mich fühle. Allerdings entlädt sich ihr Ärger über merkwürdige Ventile. »Na, da hat seine Prinzessin heute wohl das Haarewaschen nicht vergessen. Was sieht er überhaupt in ihr? Er muss noch dämlicher sein, als er wirkt.« Dann wechselt die Wut ihre Richtung und stößt auf Nikki nieder. »Was meinst du, NikNak: Könnte er bei einer Besseren landen?«

Nikki wagt einen Versuch: »Ja, definitiv. Du bist um Welten hübscher als sie.«

Zu wagemutig.

»Von mir war mit keinem Wort die Rede! Igitt – als ob ich auch nur in seine Nähe gehen würde.«

»Sie versteckt immer noch ihren schimmeligen Arm«, sage ich. Aimee brüllt vor Lachen. Die anderen fallen pflichtschuldig mit ein. Aimee sucht ein neues Opfer.

»Was ist daran so komisch, Tasha?«

Tasha verstummt.

Aimee lädt nach: »Du warst überhaupt nicht dabei, als wir uns zuletzt über ihren schimmeligen Arm unterhalten haben. Du hast keine Ahnung, worin der Witz liegt.«

Tasha schaut sich Hilfe suchend um. Nikki weicht ihrem Blick aus. Opfer gefunden.

»Aimees Cousin hat mal unter seinem Gips ein schimmeliges Bein gekriegt.« Keine Ahnung, weshalb ich das anmerke.

»Ja, Tasha – machst du dich über meinen Cousin lustig?«

Kawumm!

Tasha staunt mit offenem Mund über die Trümmer dieser absurden Unterhaltung. Aimee nagelt mich mit einem Lächeln fest. »Bis später beim Mittagessen, Lena. Wir holen uns Pommes!«

Aimee ist nicht in meiner Jahrgangsstufe. Im Unterricht sitze ich mit Nikki und Tasha zusammen, aber heute reden sie kaum mit mir. Und ebenso wenig miteinander. Es wirkt beinahe so, als würden sie die Luft anhalten.

»Hattet ihr zwei ein schönes Wochenende?«, frage ich, um die unbehagliche Stille zu durchbrechen.

»Jep, danke«, erwidert Nikki knapp.

»Nichts Besonderes«, murmelt Tasha.

Mehr bekomme ich aus den beiden nicht heraus.

Mir fällt nicht einmal ein anderes Gesprächsthema ein. Minnie Michaels eilt an unserem Klassenraum vorbei, auf dem Weg zu ihrer ersten Stunde.

»Ich hätte gut damit leben können, wenn sie nie zurückgekommen wäre!«, sage ich.

Nikki und Tasha werfen mir sehr schiefe Blicke zu.

»Jaaa ...«

»Absolut!«

Sie reagieren wie Roboter. Und in diesem Moment wird mir klar, weshalb sie mir gegenüber derart sonderbar sind.

Sie haben Angst.

[Privat]

Alice Daly-Donne

hätte vermutlich (mal wieder) selbst dabei gewesen sein müssen.

Ich kann es nicht lassen: In der Pause halte ich nach dem Anderen Jacob Ausschau. Wir haben nicht viele Kurse zusammen, und offiziell sehe ich ihn erst in der fünften Stunde in Physik, doch aus irgendeinem Grund verspüre ich den geradezu verzweifelten Drang, mich zu vergewissern, dass er heute in der Schule ist. Bloß einen kurzen Blick will ich auf ihn werfen und mich dann auf später freuen. Seit mir klar geworden ist, dass er in mich verliebt ist (nachdem er immerhin bereits drei meiner Status-Updates gelikt hat), denke ich ohne Pause an ihn. Ich habe beschlossen, dass ich ihn näher kennenlernen sollte, um herauszufinden, ob sein Charakter so hübsch ist wie Gesicht und Haare.

Jodie und Caro sind in eine detaillierte Analyse ihrer vor

fünf Minuten zu Ende gegangenen Spanischstunde vertieft: Sie können sich nicht entscheiden, ob ihr Lehrer, Señor Mustard (also Herr Senf – kein Witz!), scharf ist oder nicht. Ich kenne ihn. Die Antwort lautet: ganz eindeutig nicht. Aber sie überschreien mich immer wieder und beharren, dass er auf jeden Fall »etwas hat«. Über die Tatsache hinaus, dass er allen Ernstes (jenseits des Español-Unterrichts, versteht sich) Mr Mustard heißt, trägt er auch noch senffarbene Cordhosen und hat einen gewachsten blonden Schnurrbart, der an den Enden hochgezwirbelt ist. Wie Oberst Günther von Gatow! Ich wette, er geht als Cluedo-Cosplayer zu irgendwelchen komischen Brettspiel-Messen. Aber er ist noch jung – unter vierzig – und eindeutig eine Art Hipster, also besitzt er laut Schulordnung ein gewisses Level an Attraktivität, wenn auch nur im Vergleich zu den restlichen Ogern der Lehrerschaft.

»Un poco caliente!«, meint Caro mit übertriebenem Akzent.

»Salsa Amarilla«, werfe ich ein, weil »gelbe Soße« von all den Google-Übersetzungen, die ich gefunden habe, Senf wohl am nächsten kommt.

Der Andere Jacob taucht in meinem Blickfeld auf, und in meinem Kopf setzt die Titelmelodie von *Das Phantom der Oper* ein. Dieses Lied wäre Jacobs Song, weil er so düster und grüblerisch ist und weil ich außerdem dringend aufhören muss, ihn mit Schneewittchen zu vergleichen. Er trinkt einen Schluck Wasser. Jetzt geht er über den Schulhof. Jetzt ... tut er überhaupt nichts Interessantes. Er winkt jemandem zu. Australien-

Daniel. Er schlendert in Richtung Kunstraum. Mehr nicht. Ich frage mich, ob er nach mir sucht. Vielleicht hat er an mich gedacht, während er den Hof überquert hat. Beim Wassertrinken überlegt, ob ich wohl etwas Neues gepostet habe, das er liken könnte. Wahrscheinlich. Gut möglich, dass er nicht einmal an seinem Bild weiterarbeiten will – sondern bloß heimlich Twitter checken. Er hat sich dort hineingestohlen, um meinen Twitter-Account zu checken.

Ich checke seinen Twitter-Account.

Nichts.

Minnie Michaels

Wieder in der Schule zu sein, ist seltsam. Ich fühle mich, als hätte ich diese riesige Veränderung durchlaufen, ohne dass jemand etwas davon bemerkt. Captain Bella und Sophie sind überglücklich, mich wiederzuhaben; sie bedrängen mich mit »Warum warst du nicht in WhatsApp?« und erzählen von dieser Szene im Training gestern, die ich verpasst habe und die »so lustig« war, und sie wollen wissen, wann ich meine Schlinge loswerde und – noch wichtiger – wie bald ich wieder für den Club spielen kann. Die Wahrheit ist, dass ich die Schlinge sofort abnehmen dürfte. Mein Arzt sagt, ich habe fantastische Fortschritte gemacht. Allerdings habe ich Mum überzeugt, dass ich sie weiterhin in der Schule tragen sollte, für den Fall, dass mich in den vollen Fluren jemand anrempelt. Weshalb ich sie unbedingt anbehalten will, kann ich nicht einmal genau sagen. Sie nervt total, aber aus irgendeinem Grund bin ich noch nicht bereit, wieder so auszusehen, als könnte ich schon Netball spielen …

Bella meint, ich solle mir wegen der verpassten Spiele mit den Bezirksscouts keine Gedanken machen: »Wir haben die

Matches, bei denen sie waren, nicht mal gewonnen.« Und überhaupt: »Die kommen auch nächste Saison wieder …«

Ohne Punkt und Komma quatschen die zwei auf mich ein und scheinen nicht einmal zu bemerken, dass ich mich kaum an der Unterhaltung beteilige. Wir kommen an Aimee Bradbury und Lena Singleton vorbei und ich bin sicher, dass beide in meinem Rücken in haltloses Gekicher ausbrechen. Was ist ihr Problem?

Daniel wartet nach meiner ersten Stunde auf mich, und in der Pause suchen wir uns zusammen eine Bank, um zu reden.

»Wie fühlst du dich?«

»Irgendwie komisch.«

»Geht es deiner Schulter gut?«

»Ja, der gehts prima.«

»Schön. Warum dann komisch?«

»Ich weiß auch nicht so recht – das kann ich nicht richtig erklären.«

»Rede einfach mit mir.«

»Okay, also: Wie stellst du dir dein Leben vor? In der Zukunft?«

Daniel verzieht ein wenig verwirrt das Gesicht. Damit hat er eindeutig nicht gerechnet.

»Keine Ahnung. Ich denke mal, ich lasse mir einen Bart wachsen. Oder zumindest ein paar stylische Stoppeln.«

»Die Frage war ernst gemeint.«

»Total durchtrainiert werde ich auch sein. Mit Waschbrettbauch. Du solltest also besser bei mir bleiben.«

Ich stocke. »Glaubst *du*, dass wir zusammenbleiben?«

Er zögert keine Sekunde. »Klar, wieso nicht? Wir passen großartig zusammen.«

Ich drücke ein wenig seine Hand. »Das finde ich auch!«

»Na, wo liegt dann das Problem?«

Ich hole tief Luft. »In dieser Zukunft, mit uns beiden, wo sind wir da? Was tun wir? Im Sinne von: Welchen Job habe ich? Wie bin ich als Erwachsene? Was macht mir Spaß?«

Er nimmt sich kurz Bedenkzeit und ich frage mich, wie lange er brauchen wird, bis ihm aufgeht, dass ich in seiner Vorstellung immer bloß die gewesen bin, die ich jetzt bin. Netballspielerin. Sprinterin. Kletterin. Radlerin. Weil das alles ist, was ich bin. Minnie Michaels, ihr wisst schon, die *Sportlerin*. Aber das ist keine Lebensbestimmung. Und genau genommen, wenn ich darüber nachdenke – und nichts anderes habe ich in letzter Zeit getan: Allmählich wird mir klar, dass ich ein solches Leben gar nicht *will*. Ich will keine frühmorgendlichen Trainingseinheiten und Turniere an jedem Wochenende. Ich habe absolut keine Lust auf Ernährungsberater und Personal Trainer, die mir jede Minute meines Tagesablaufs diktieren. Ich möchte keine Karriere, die plötzlich endet, sobald jemand anders mich zu schlagen beginnt. Allem Anschein nach weiß ich also ganz genau, was ich *nicht* will. Das Problem ist: Ich habe keinen blassen Schimmer, was mir *stattdessen* vorschwebt. Und wie soll ich das je herausfinden, wenn niemand mir die Chance gibt, etwas anderes als sportlich zu sein?

Daniel legt mir einen Arm um die Schultern und zieht mich

zu sich heran. »Meine Kristallkugel zeigt mir die Zukunft ganz deutlich, und wie schon gesagt: Darin bin ich richtig muskulös, du bist natürlich wunderschön, es ist ein Vergnügen, mit dir zusammen zu sein, weil du lieb und aufmerksam und clever und mutig bist. Wir genießen jeden Moment miteinander.«

»Aber was *tun* wir?«

»Wir tun alles. Leben unser Leben. Das beste Leben überhaupt! Die Welt liegt uns zu Füßen!«

»Du machst dir keine Sorgen um die Zukunft?«

»Kein Stück.«

An dem, was er gesagt hat, gibt es nichts auszusetzen. Alles klingt wunderbar. Und trotzdem brauche ich noch ein wenig mehr. Beinahe ist mir das peinlich, aber ich vertraue ihm alles offen an.

»Daniel, wenn ich nicht mehr Netball spiele, was soll ich dann anfangen? Ich weiß nicht einmal, was ich sonst noch mag.«

»Na, ein Glück, dass wir quasi noch Babys sind und massig Zeit haben, das auszutüfteln«, meint er lächelnd, hält dann aber inne und fixiert mich mit ernstem Blick. »Minnie, du musst dich jetzt noch auf nichts festlegen. Wir sind jung. Ernsthaft. Und jede Menge Leute werfen ihre Karriere zigmal über den Haufen. Selbst wenn du mit fünfundzwanzig in deinem Traumjob arbeitest, heißt das nicht, dass diese Arbeit für dich zehn Jahre später immer noch die Erfüllung bedeutet.«

»Aber du hast jetzt schon konkrete Vorstellungen …«

»Nein. Ich weiß bloß, dass ich an irgendeiner guten Uni Ingenieurwissenschaften studieren will, weil mir das momentan viel Spaß macht. Ich konzentriere mich immer bloß auf meine unmittelbare Zukunft. Nur auf die nächsten Schritte.«

»Und was sind meine nächsten Schritte?«

»Du bist wie Bambi. Gerade lernst du erst einmal wieder zu laufen. Als Nächstes solltest du sozusagen sicher zu Fuß werden. Einige Gehversuche auf unterschiedlichem Terrain machen. Alle möglichen Richtungen austesten. Um ein Gefühl dafür zu bekommen, was dir gefallen könnte, wenn du Netball für eine Weile ruhen lassen möchtest.«

Er ist zu süß, um so weise zu sein. Ich frage mich, ob ihm bewusst ist, dass ich keinerlei andere Freunde habe, mit denen ich so reden kann. Dass er mein Ein und Alles ist. Und vielleicht ist das in dieser Form nicht gut.

»ABER – Netball könntest du trotzdem wieder spielen, falls du Lust bekommst. Daran hat deine Verletzung nichts geändert.«

»Das stimmt«, höre ich mich selbst sagen, »aber sie hat mich verändert.«

ATTENTION!

Die Anmeldefrist für das Tricolore-Sommer-Austauschprogramm läuft bald ab.

Anmeldeformulare können im Sekretariat abgeholt werden und müssen vor dem Abschicken von der jeweiligen Fachlehrkraft und dem/der Jahrgangsstufenbetreuer/in unterzeichnet werden.

Lasst euch diese fantastische Chance, einen Monat in Paris zu verbringen
und euer Französisch zu verbessern,
nicht entgehen.

À BIENTÔT!

TEIL 4

SPRINT

Lena Singleton

hat ihr Pokerface aufgesetzt.

Nach der Schule steht Leichtathletiktraining an, und auch wenn sie nicht rennt, redet jeder nur über Minnie Michaels' Rückkehr. Wann wird sie wieder auf der Bahn starten? Wird sie sehr viel langsamer sein als vorher? »Wird sie Lena schlagen können? Die ist in den letzten Wochen nämlich *verdammt* schnell gewesen!« Diesen Satz habe ich in der Umkleide gehört. Und er hat mein Herz zum Flattern gebracht.

Aimee beobachtet alles vom Rand des Platzes aus. Ich bitte sie nie darum, auf mich zu warten, aber inzwischen hat sie sich angewöhnt, zu jedem Training zu erscheinen. Ich vermute, sie hat bloß keine Lust, nach Hause zu gehen. Oder hofft, erneut zufällig Seb zu treffen.

Eine Hälfte von mir hasst die Vorstellung, an der Startlinie aufs Neue neben Minnie im Block zu knien. Die andere Hälfte fiebert dem Moment entgegen, in dem ich sie besiege.

Auf die Plätze, fertig, los!

Ich schieße aus dem Startblock. Schwinge die Arme, hebe

die Füße. Lange Schritte, hohe Knie. Schnell, schnell, schneller. Vor mir sehe ich die Ziellinie. Jedes Mal aufs Neue verblüfft es mich, wie viel Zeit mir auf dieser kurzen Strecke zum Denken bleibt. Wenn ich diese Sprints mit meinem Dad laufe, denke ich darüber nach, wie sehr ich Minnie verabscheue. Im Moment denke ich an sie. Wirkt das Laufen bei mir so mühelos wie früher bei ihr? Jetzt, da ich gewinne? Und plötzlich bin ich an der Ziellinie.

Aber gewonnen habe ich nicht.

Ein Mädchen mit roten Haaren ist aus dem Nichts an mir vorbeigeflogen. Ich hatte sie nicht einmal auf dem Schirm. Wer ist sie und wo hat sie bislang dieses Tempo versteckt?

Wir kehren an den Start zurück, und diesmal bin ich bereit. Zuvor war ich offenbar nicht konzentriert genug. Abgelenkt.

Auf die Plätze, fertig, los!

Ziehen. Tunnelblick. Rennen.

Ich werde Dritte. Unfassbar. Irgendein Mädchen aus dem Jahrgang unter mir schnappt sich diesmal den Sieg. Die Rote kommt als Zweite über die Linie.

Wir stellen uns für ein paar Läufe über die Zweihundert-Meter-Distanz auf. Ich habe das Gefühl, dass ich wirklich gut laufe. Meine Technik ist sauber. Ich gebe alles. Aber ich siege kein einziges Mal. Ein Mädel namens Tanya, soweit ich weiß, gewinnt mit meilenweitem Vorsprung. Wieso sind mir all diese anderen Läuferinnen bislang nie aufgefallen? Sind sie immer schon so stark, oder habe ich einfach einen richtig, richtig miesen Tag?

Wir schließen das Training ab, und ich koche vor Wut. Als ich vom Platz stürme, springt Aimee in mein Sichtfeld. »Los, wir holen uns Milkshakes. Vielleicht sind Seb und Lewis bei BurgerShack.«

»Nein, danke«, entgegne ich.

»Was?« Aimee wirkt alles andere als begeistert.

»Mir ist nicht danach. Tut mir leid.« Aber es tut mir nicht leid. Und ich muss mich auch nicht entschuldigen. Wir hatten nichts dergleichen verabredet. Ich will bloß nach Hause. Also folge ich diesem Impuls: Ich wende mich von ihr ab und falle in einen Trab.

»Lena! Was zur Hölle?!«, brüllt Aimee mir nach. Ich renne weiter. Und als ich daheim anlange, wird mir klar, dass ich auch dort nicht stoppen werde. Ich sprinte geradewegs an unserem Haus vorbei.

Ich laufe zum Strand hinunter und an der Promenade entlang. Einmal um den Golfplatz und immer weiter. Ich komme an Kirchen und Schulen vorbei und kann nicht anhalten. Ich passiere andere Läufer, die lächeln und mir zunicken. Ich renne weiter und stelle fest, dass der Wutknoten in meinem Bauch sich zu lockern beginnt. Ich hetze an Gassigängern vorüber und an Freundinnen, die gemeinsam Kinderwagen spazieren schieben. Ich flitze an einem eisessenden alten Paar auf einer Bank entlang, und die Dame winkt mir zu. Ich winke zurück und renne weiter. Inzwischen muss sich all mein Ärger verflüchtigt haben, da ich mich dabei ertappe, dass ich allen Ernstes lächele. Renne und atme und lächele. Ein kleiner Junge auf einem Roller rollert ein Stück weit neben mir her, bis sein Dad ihn zurückruft. Ich laufe an einem Mann vorbei, den mein Dad coacht, und dann an jemandem aus dem örtlichen Laufclub, der mich erkennt. Er ist in die Gegenrichtung unterwegs und wir strahlen einander an. Im Vorüberrennen ruft er: »Gute Arbeit, Lena!«

Ich biege in eine Gasse ab, in der ich noch nie gewesen bin. Ich glaube, sie endet in der Nähe meiner Straße. Eine andere Läuferin kommt auf mich zu. Eine Weile brauche ich, um meine Augen scharf zu stellen, aber im Vorbeilaufen wird mir klar, um wen es sich handelt. Big Alice! Sie keucht heftig, wirkt aber hoch konzentriert. Alles geht zu schnell, um zu lächeln oder zu grüßen. Ich werfe einen Blick über die Schulter zurück, doch sie schaut weiter stur geradeaus. Ich hatte keine Ahnung, dass sie Läuferin ist. Ich schiele auf meine Uhr hinunter. Ich laufe seit über einer Stunde.

Als ich nach Hause komme, dusche ich und bemerke im Badezimmerspiegel, dass ich noch immer schmunzele. Meine Wangen fühlen sich warm unter meinen Fingerspitzen an. Mein Gesicht sieht glücklich aus. Ich bin glücklich. Und glaube endlich zu verstehen, was Dad meint, wenn er sagt, dass Laufen dem Körper so guttut wie der Seele.

[Privat]

Alice Daly-Donne

ist übers Ohr gehauen worden.

Heute Abend lässt Sarah wirklich eine Bombe platzen. Sie hat mich hereingelegt, indem sie mitten in der Woche den Plan umgeworfen hat. Die ersten beiden Einheiten haben aus unserem üblichen Geh-Lauf-Geh-Lauf-Geh-Geh-Lauf-Lauf-Trallala bestanden, wobei sie jedes Mal die Laufzeit ein wenig verlängert und die Gehzeit verkürzt hat – als ob mir das nicht auffallen würde! Es *ist* mir aufgefallen, Sarah, aber ich habe mitgezogen, also danke, dass du mich so weit gebracht hast. Entsprechend habe ich heute Abend mehr von der gleichen Sorte erwartet – aber sie knallt mir gleich einen Zwanzig-Minuten-Lauf vor den Latz! Was zum Teufel soll das, Sarah?!

Die Neuigkeit überbringt sie mir während unserer fünfminütigen flotten Gehphase zum Aufwärmen, und meine Kinnlade knallt beinahe auf den Bürgersteig. Ich bilde mir ein, beginnende Bauchschmerzen zu spüren. Schon setze ich zu einer

Entschuldigung an, bedauere Sarah gegenüber, dass ich nach Hause muss, weil ich so schreckliche Kopfschmerzen habe, oder Magenkrämpfe, oder was auch immer. Ich schwöre, die Einheit ein andermal nachzuholen, sobald es mir besser geht, und will mich gerade umdrehen, als sie »Los!« kommandiert und die peppige Laufmusik erklingt – und automatisch falle ich in einen Trab.

Was folgt, sind jede Menge Geschnaufe und viel Schweiß und möglicherweise ein paar wenige, ausgesuchte Schimpfwörter. Irgendwann sehe ich Lichtblitze im Augenwinkel und kann nicht mit Gewissheit sagen, ob ich abermals von einem Paparazzo abgelichtet werde oder soeben einen Schlaganfall erleide. Aber irgendwie, auf wundersame Weise, halte ich die kompletten zwanzig Minuten durch. Ich stoppe nicht einmal, als ich meiner stummen Fake-Freundin aus der Schule begegne, obwohl ich praktisch auf der Stelle vor Scham sterbe. Lena rennt schneller als ich, daher sind wir im Nu aneinander vorbei und mir bleibt nicht genügend Zeit, im Boden zu versinken; stattdessen ziehe ich einfach den Kopf ein und stampfe weiter. Sarah glaubt daran, dass ich in der Lage bin, diesen Lauf zu Ende zu bringen, und ich will sie nicht enttäuschen.

Klar, dass Lena Singleton laufen geht. Wahrscheinlich absolviert sie jeden Abend nach der Schule einen Marathon. Jeder weiß, dass sie Läuferin ist, aber von meinen Joggingambitionen hat niemand auch nur den blassesten Schimmer. Außer … jetzt ihr. Oh Gott. Der Peinlichkeitsfaktor schießt weit über jenen

Tag hinaus, an dem ich weiterlaufen musste, obwohl all die Senioren am Fenster des Altenheims gestanden und mir applaudiert haben. Lena ist im Bilde und wird allen erzählen, dass sie mich in meinen Leggings von Tesco und Mums Turnschuhen husten und prusten, schnaufen und fauchen gesehen hat. Wie sie hinter das Geheimnis von Outfit und Schuhen kommen wird? Keine Ahnung, aber *dass* sie es austüftelt, davon bin ich überzeugt.

Meine Sorge darüber, dass mir womöglich ein Tesco-Logo auf dem Hintern prangt, trägt mich durch Minute achtzehn und neunzehn, und als Sarah verkündet, ich habe nur noch sechzig Sekunden durchzustehen, vergesse ich Lena und konzentriere mich darauf, den Endspurt zu genießen. Ich bin kurz davor, einen zwanzigminütigen Lauf zu vollenden. Ich werde es tatsächlich schaffen. Und wenn ich zwanzig Minuten wuppe, gibt es keinen Grund, weshalb mir das Gleiche nicht auch mit fünfundzwanzig gelingen sollte. Und dreißig. Sarah wird mich ans Ziel führen. Ich hätte nie an ihr zweifeln sollen. Sarah, vergib mir, du bist brillant.

Sarah zählt die letzten zehn Sekunden herunter, und ich jubele leise los. Bingo!

Allerdings habe ich mich verkalkuliert und bin nicht rechtzeitig umgekehrt, deshalb liegt nun noch ein langer Rückweg vor mir, selbst nach dem Cool-down. Ich gehe die verbliebene Strecke versunken in Gedanken. Meine Gedanken lauten überwiegend: »Ich bin großartig.«

Während ich vor Stolz glühe, mit rosigen Wangen und ganz

natürlichem, strahlendem Highlighter (aka Schweiß), knipse ich ein Selfie und sende es an Jacob Porter.

Ich glaube, ich habe mit Transpiration konturiert.

Ich schmeiß mich weg – du bekommst einen Auftritt in meinem nächsten Video.

Genau genommen spiele ich mit dem Gedanken an mein eigenes Vlog – Hilf mir, Mo Farah!

Ich schicke die Nachricht ab, ohne mir darüber klar zu sein, dass sie mich als Laufaspirantin enttarnen könnte.

Ich wäre auf jeden Fall dein erster Abonnent.

Minnie Michaels

ist auf einer Mission.

So, na dann: Ich habe mir im Kopf eine kleine To-do-Liste erstellt, von der ich hoffe, dass sie mir dabei helfen wird, mein Leben auseinanderzuklamüsern. Zwar erzähle ich Daniel nichts davon, aber an erster Stelle steht das Ziel, Freundschaften außerhalb des Teams zu schließen. Captain Bella ist zweifellos nett und witzig, und ebenso gut könnte ich mir vorstellen, jenseits des Netballfelds Zeit mit Sophie zu verbringen; allerdings glaube ich, dass ich mich – um mir wirklich selbst zu helfen – anderswo nach Freunden umschauen sollte. Ich weiß, dass es Daniel nichts ausmacht, mich beim Shoppen auf der Suche nach einem Ballkleid zu begleiten, doch lustiger wäre es, zusammen mit einer Freundin loszuziehen und Kleider anzuprobieren und ihn dann am Ballabend mit meinem zu überraschen. Wir könnten uns auch gemeinsam die Haare richten und der jeweils anderen die Nägel lackieren – ich fange besser an, meine wachsen zu lassen. Vielleicht würde meine neue Freundin mich in irgendeinen Laden mitnehmen, in dem ich noch nie gewesen bin, oder wir würden nach dem Einkaufen zusammen einen Kaffee trinken und ich dürfte ihren Hazelnut Latte probieren. So einen habe ich noch nie bestellt, weil – was, wenn er nicht so gut schmeckt wie heiße Schokolade?

Gott, kein Wunder, dass ich in einer solchen Klemme stecke, wenn ich nicht mal das Risiko eines unbekannten Getränks eingehen will! Neuer Eintrag auf der To-do-Liste: Hazelnut Latte bestellen.

Und was man heute kann besorgen …

Ich sitze im Coffeeshop des Einkaufszentrums mit einem dampfenden Hazelnut Latte vor mir und fühle mich ein wenig merkwürdig, so ganz allein hier. Ich habe mir einfach einen Fünfer aus meinem geheimen Notgroschenfach geschnappt und bin aus der Tür gerannt. Erst jetzt, da ich hier hocke, wird mir klar, dass mein Handy nach wie vor an der Ladestation hängt, daher kann ich weder Daniel schreiben noch durch unsere alten Textnachrichten scrollen, was ich sonst manchmal tue, während ich irgendwo auf ihn warte. Erbärmlich, nicht wahr? Mein Kaffee wirkt immer noch zu heiß zum Trinken. Ich schaue mich nach einer Beschäftigung für meine Hände um, und dankenswerterweise liegen auf dem nächsten freien Tisch ein paar zerlesene Zeitschriften. Ich nehme mir eine davon und blättere sie durch. Hübsche Kleider. So absurd hohe Schuhe, dass niemand sie ernsthaft an einem normalen Tag anziehen würde. Make-up, das man als Model zu einem Shooting für ein Modemagazin, aber garantiert bei keiner anderen

Gelegenheit auflegen könnte – zumindest denke ich das, bis mir auffällt, dass das Mädchen, das meinen Latte zubereitet hat, die exakt gleiche Lippenstiftfarbe trägt: ein tiefes, samtiges Pflaumenblau. Sie hat bezaubernd reine Haut ohne eine Spur von Schminke, nur auf ihren Augenlidern glitzert ein sanfter, schillernder Film. Sie sieht umwerfend aus, wie sie hier und jetzt, an einem nassen Donnerstagnachmittag, den Look des Mädels aus der Zeitschrift rockt. Ich spähe in den Spiegel hinter mir, begutachte mein eigenes Gesicht. Man könnte mich auf zwölf schätzen. Pferdeschwanz, wie üblich. Kein Make-up. Kein Schmuck. Keinerlei charakteristische Wiedererkennungsmerkmale. Mir ist bewusst, dass ich nicht hässlich bin. Sogar eher recht hübsch. Würde mir pflaumenblauer Lippenstift stehen? Vielleicht nicht, aber die Sache mit den schimmernden Augenlidern könnte ich eventuell austesten. Sobald ich meinen Kaffee getrunken habe, schaue ich mal, ob ich einen solchen Lidschatten im Laden finde.

Ich lese einen Artikel über eine Frau, die ihren Job als Anwältin aufgegeben hat, um Babyklamotten zu fertigen. Als eines ihrer Designs auf der Seite eines Instagram-Stars aufgetaucht ist, sind ihre Verkäufe durch die Decke gegangen, und jetzt eröffnet sie ihren ersten Store in Brighton. Mit zweiundfünfzig hat sie ihr Leben komplett umgekrempelt. Daniel hatte recht: Nichts muss in Stein gemeißelt sein. Ich kann Dinge ausprobieren. Anprobieren.

Ich nippe an meinem Kaffee. Er schmeckt wie ein warmer Nutella-Milkshake. Weniger kultiviert, als ich erwartet habe, aber definitiv lecker. Hazelnut Latte kann mein neuer Lieblingsdrink sein, überlege ich im Stillen und plane bereits all die zukünftigen Nachmittage, an denen ich allein hierherkommen und Zeitschriften über inspirierende Frauen lesen und einen Hazelnut Latte trinken werde. Und dann beschließe ich spontan: Nein, denn nächstes Mal probiere ich den Almond macchiato.

Ich ergänze weitere Punkte auf meiner To-do-Liste.

1. Aufhören, alte Nachrichten anstelle richtiger Lektüre zu lesen. Also: Buch oder Zeitschrift einpacken.
2. Buch oder Zeitschrift zum Einpacken kaufen.
3. Recherchieren, ob es außerhalb der Schule einen interessanten Verein gibt, in den ich eintreten könnte, um neue Leute kennenzulernen.
4. Eine echte Freundin finden.
5. Versuchen, ein bisschen erwachsener auszusehen. Vielleicht schminken oder die Haare anders tragen?
6. Einen weiteren französischen Film anschauen.
7. Espresso und Vanilleeis bestellen …
    a. … in Frankreich??!!??

Lena Singleton

hat die Nase voll.

Ich beobachte Alice dabei, wie sie ein Stück Rüeblitorte isst, und frage mich insgeheim, weshalb ich sie noch nie wirklich wahrgenommen habe. Klar, mir war bewusst, dass sie existiert – sie ist »Big Alice«. Aber jetzt schaue ich sie wirklich an. Sie lacht mit ihren Freundinnen. Die beiden wirken tatsächlich klein neben ihr, aber Alice scheint vollkommen … locker. Sie genießt den Kuchen. Ihre Freundinnen. Allem Anschein nach ohne jede Last auf den Schultern.

Aimee lässt sich neben mich plumpsen und folgt meinem Blick.

»Sie sollte diese Monsteroberschenkel nicht noch mit Kuchen polstern!«, ätzt sie. Ich höre ihre Worte, und sie schockieren mich. Durch und durch grausam. Ich bringe es nicht über mich, den Kopf in ihre Richtung zu wenden, aus Angst, dass ich ihr versehentlich zustimmen könnte. Ich wette, Alice würde niemals etwas so Boshaftes und Gehässiges sagen. Minnie Michaels jedenfalls würde es ganz gewiss nicht tun. Wieso bloß habe ich in der Freundschaftslotterie ein so harsches Los gezogen? Am liebsten würde ich aufspringen und wegrennen. Über den Tisch hechten, Aimee mein Mittagessen in den Schoß kippen. Aus dem Schultor sprinten und die Straße hinunter. Laufen und laufen und laufen.

Alice läuft. Vielleicht ist sie deshalb so glücklich und entspannt. Vermutlich dreht sie jeden Abend nach der Schule eine Runde. Eventuell ergänzt durch einen langen Lauf am Wochenende. Sonntagmorgens ganz früh, wenn noch niemand sonst unterwegs ist. Gut möglich, dass sie nach dem Unterricht nach Hause kommt, direkt in ihre Sportklamotten schlüpft und aus der Tür schwebt, all ihre Sorgen hinter sich zurücklässt. Später fällt sie dann müde und zufrieden ins Bett. So wie ich gestern Nacht – Alice allerdings ohne die Angst vor dem nächsten Tag, weil sie das Geheimrezept kennt: Nimm alles in dich auf und renn es anschließend wieder heraus. Nimm alles, womit die Schule dich bombardiert, und feuere es beim Laufen wieder ab. Das ist die Lösung. Das ist ihr Geheimnis.

»Findest du nicht auch?« Aimee redet noch immer auf mich ein. Ich habe kein Wort mitbekommen.

»Leee-naaa! Hal-lo-ho! Aufwachen!«

»Was?«, fauche ich.

Ich sehe, wie sie ihre aufflammende Wut erstickt. Wie sie beschließt, zuckersüß zu bleiben.

»Ich habe bloß gesagt, dass wir dieses Wochenende zusammen shoppen gehen und uns Kleider für den Ball aussuchen sollten!«

»Ach ja, klar.« Nein, ich finde nicht, dass wir das sollten. Ich will es nicht. »Aber hatten wir nicht vor, uns im Salon deiner Cousine eine Maniküre zu gönnen?« Darauf habe ich mich tatsächlich ziemlich gefreut.

»Oh, stimmt – hmm, na ja, dieses Wochenende ist sie sowieso schon ausgebucht. Ich sorge jedenfalls dafür, dass sie sich vor dem Ball noch um uns kümmert. Wir müssen nichts bezahlen, und sie macht das wirklich genial, ganz egal, wie du es haben möchtest. Sie hat schon in London gearbeitet und dem kompletten Cast von *Made in Chelsea* die Nägel gestaltet.«

»Wow – okay, klingt großartig.« Dagegen lässt sich nichts anführen.

Aimee plappert neben mir weiter über all die Dinge, die wir zusammen unternehmen werden. Oder eher: Dinge, die sie unternehmen möchte und bei denen ich gnädigerweise ihr Publikum sein darf. Allmählich habe ich die Nase voll davon, die Auserwählte zu sein. Nikki begleitet mich überhaupt nie mehr in die Mensa, nicht seit Aimee sich an mich gehängt hat. Essen tut sie nach wie vor nichts, doch ihr erbärmliches Theater zieht sie jedes Mal ab. »Ich bin am Verhungern!« – »Ooohh! Pizza! Oder Pommes? Beides?!« – und dann bestellt sie sich eine Cola light und behauptet, üppig gefrühstückt oder in der Pause drei Schokoriegel gegessen zu haben. Wovon ich natürlich weiß, dass es nicht stimmt, weil sie mir auch in der Pause schon das Ohr abgekaut hat.

In diesem Augenblick fällt mein Entschluss: Nach der Schule gehe ich laufen. Eine große Runde.

Aimee palavert weiter über Belanglosigkeiten. Ich starre erneut zu Alice hinüber und überlege, ob ich mich ihrer Clique anschließen könnte. Könnte ich einfach hinübergehen und mich zu den dreien setzen und so tun, als wäre das ganz normal? Nein, vermutlich nicht.

Aimee spürt meine Teilnahmslosigkeit, und ich bemerke, wie ihr Ton von Selbstversonnenheit über Frust in geheucheltes Interesse übergeht.

»Und, bist du heute Abend wieder mit deinem Dad zum Workout verabredet? Vielleicht sollte ich mal vorbeikommen und bei euch mitmachen. Ich muss wirklich etwas für meine Figur tun …«

»Nein, ich gehe nachher laufen.«

»Oh … wie cool. Okay, dann schreib mir aber, sobald du zurück bist, ja?«

Und ohne meinen Körper bewusst zu steuern, stehe ich auf und eile davon …

Alice Daly-Donne

nimmt die Sache ganz locker.

Diese Woche ist Sarah wirklich offen und direkt zu mir. Ich glaube, sie hat ein schlechtes Gewissen, nachdem sie mich letzte Woche derart hinters Licht geführt hat. Diesmal verkündet sie freiheraus, dass wir drei Fünfundzwanzig-Minuten-Läufe vor uns haben. Ich mühe mich nach Kräften, überhaupt keine Reaktion auf diese Ankündigung zuzulassen; ich weiß zwar, ich habe die zwanzig Minuten am Stück vergangene Woche geschafft, aber das bedeutet schließlich nicht, dass fünf Minuten mehr keine Herausforderung sein werden. Und gänzlich grauenvoll. Gleichzeitig darf ich die fünfundzwanzig Minuten allerdings auch nicht als absolutes Ding der Unmöglichkeit betrachten, denn das sind sie nun mal nicht. Deshalb versuche ich, alles ganz locker zu nehmen. Locker aus der Hüfte. Wie auch immer, Sarah. Machen wir einfach kein großes Aufheben darum. Auf die Plätze! Bereit? Dann los, los, lauf!

Wir laufen. Ich bleibe ruhig und entspannt. Vor uns liegt noch eine weite Strecke, also konzentriere ich mich darauf, so schnell wie möglich ein angenehmes Tempo zu finden. Ich fühle mich wie die keuchende Lokomotive in *Dumbo*, die immer wieder »Ich schaff es noch, ich schaff es noch, ich schaff es noch« schnauft, während sie den Hügel hinaufzockelt. Ich bete das Mantra laut vor mich hin, zum Takt meiner Sohlen auf dem Asphalt. Ich. Schaff. Es. Noch. Ich. Schaff. Es. Noch. Ich. Schaff. Es. Noch. Die kleine Lokomotive ist eine begnadete Motivatorin.

Wir joggen bereits seit zehn Minuten, und – ganz ehrlich – mir geht es gut. Minnie Michaels wäre stolz auf mich. Ich schaffe es, meinen Lokomotivenrhythmus zu halten, und damit funktioniert es. In meinem Kopf ist sogar Platz für andere Gedanken. Genauer: Gedanken zu Jacob Altman. Ich glaube, ich werde ihn morgen im Unterricht in ein Gespräch verwickeln. Was habe ich zu verlieren? Selbst falls er bloß mein Kumpel sein will – mit einem solchen Kumpel zu reden, wäre doch ebenso völlig okay, oder? In dieser Hinsicht verwirrt mich die Netiquette ein wenig: All diese »Freunde«, mit denen ich in der Schule nie sprechen würde – würden sie sich eigentlich freuen, wenn ich es doch täte? Wieso kommen sie dann nicht auf mich zu? Haben sie mich bloß als Freundin hinzugefügt, um meine Status-Meldungen lesen zu können? Ich sollte wirklich häufiger nichtprivate Updates posten … im Augenblick ist mein Profil etwa so spannend wie die Homepage des nächstbesten Kaninchenzuchtvereins. Wie auch immer: Jacob. Ich werde ihn begrüßen. Wenn er durch seine Schüchternheit gehemmt ist, muss ich mir ein Herz fassen und die Initiative ergreifen. Um unserer potenziellen zukünftigen Freundschaft und/oder Beziehung willen.

Fünfzehn Minuten sind um! Sarah beteuert, dass ich mich fantastisch schlage. Und warnt mich zugleich davor, nun selbstgefällig zu werden oder meine Reserven zu überschätzen. Ich soll bei meinem stetigen Schritt bleiben. Die nächsten zehn Minuten könnten recht hart werden. Allerdings hat sie keine Ahnung, dass ich die kleine Lokomotive bin, die das schon schafft. Ich. Schaff. Es. Noch. Ich. Schaff. Es. Noch. Ich. Schaff. Es. Noch. Ich überlege, ob es eine gute Idee wäre, den Leuten von der Runtime-App zu schreiben und ihnen von Dumbos Zug zu erzählen. Ich könnte mir vorstellen, dass auch anderen Läufern damit immens geholfen wäre. Ich. Schaff. Es. Noch. Ich. Schaff. Es. Noch. ICH. SCHAFF. ES. SCHAFF. ES. – Hmm?

Sarah?

Wo bist du, Sarah?

Ich bleibe abrupt stehen, weil Sarah sich aus dem Staub gemacht hat. Oder eher: Ich habe vergessen, meinen iPod zu laden. Wie auch immer man die Sache betrachten will … so oder so hat sie mich im Stich gelassen. In den zehn Minuten, in denen ich sie am nötigsten gebraucht hätte. Mist. Ich habe nicht einmal eine Uhr an, um die verbleibende Zeit selbst zu stoppen. Außerdem habe ich jetzt sowieso angehalten. MIST, MIST, MIST! Ich bin so sauer, dass ich die andere Läuferin, die auf mich zukommt, kaum wahrnehme, bis sie direkt neben mir abbremst – und wieder ist es Lena Singleton, die jetzt auf mich einredet. Ich nehme die Ohrstöpsel heraus.

»Hey. Alles okay mit dir?«

»Der verdammte Akku ist leer!«, sage ich ein bisschen zu hitzig und füge dann hinzu: »Hallo, tut mir leid, hallo, hi.« Wie eine Idiotin. Ich frage mich, ob sie das den Mädels verraten wird.

»Oh Mann. Ich hasse es, wenn das passiert«, erwidert sie. Ihre Wangen strahlen, von der Anstrengung leicht gerötet. Mir fällt wieder ein, dass ich vermutlich wie eine Tomate ausschaue. Höchstwahrscheinlich wird sie mich so beschreiben, wenn sie diese rasend komische Anekdote ihren Freundinnen erzählt, aber im Augenblick gilt meine größere Sorge tatsächlich der Frage, wie ich meinen Lauf zu Ende bringen kann.

»Grrr. Ich habe keine Ahnung, was ich jetzt tun soll!« Ganz ehrlich: Ich bin ein bisschen panisch.

»Wie meinst du das?« Sie wirkt völlig verwirrt. Natürlich. »Macht dir das Laufen ohne Musik keinen Spaß?«

Die perfekte Vorlage für mich, um zu antworten: »Ja, Musik, klar – ohne diese Beats finde ich meinen Rhythmus nicht!« Aber ich bin derart angefressen, dass ich stattdessen einfach die Wahrheitsbombe platzen lasse.

»Ich hatte mein Runtime-App-Coaching im Ohr.« Jaul.

»Ah, okay … was ist das?« Sie hat so etwas selbstverständlich noch nie benutzt.

»Ein Programm, mit dem Leute, die nicht laufen können, es lernen, indem jemand ihnen sagt, wann sie gehen und wann rennen müssen. Es ist besser, als es klingt.«

»Aber du kannst laufen. Ich habe dich schon mal getroffen.«

»Ich bin jetzt in Woche sieben des Programms.«

»Alles klar. Cool. Glückwunsch. Also, wie lange musst du noch rennen?«

»Na ja, ich hatte gerade fünfzehn Minuten von meinem Fünfundzwanzig-Minuten-Lauf geschafft. Dann ist die Stimme ausgeblieben. Und dann bin ich stehen geblieben.«

Und dann setzt sich Lena Singleton joggend in Bewegung, weg von mir, und ruft: »Tja, da laufen wir wohl besser schleunigst weiter!«

Lena Singleton

lässt eine Abbrecherin nicht abbrechen!

Okay, mag sein, dass ich unterbewusst genau die Gasse angesteuert habe, in der ich Alice beim letzten Mal gesehen hatte. Mit dem Hintergedanken, dass wir uns so womöglich wieder begegnen. In der Hoffnung auf eine Chance, Hi zu sagen. Womit ich nicht gerechnet habe, ist, dass ich sie inmitten eines kleinen Nervenzusammenbruchs erwische, nachdem ihr iPod den Geist aufgegeben hat. Ihre Offenbarung, dass sie eine Coaching-App benutzt hat, hat mich ziemlich überrascht. Ebenso wie die Tatsache, dass sie erst seit sieben Wochen läuft. Ich fand es ziemlich bewundernswert, dass sie ganz aus eigenem Antrieb einfach damit angefangen hat, hatte aber den Eindruck, sie wolle ungern darüber reden. Als sie gesagt hat, ihr fehlen nur noch zehn Minuten, um die Einheit abzuschließen, ist mir schlagartig klar gewesen: Ich darf nicht zulassen, dass sie aufgibt.

»Tja, dann laufen wir wohl besser schleunigst weiter!« Ich bin langsam angetrabt, da ich keine genaue Vorstellung von ihrem Idealtempo hatte. Sie hat zu Beginn ebenfalls etwas unsicher gewirkt. Ist mit kleinen Schritten losgerannt, hat dann wieder gezögert. Es war nicht leicht, neben ihr herzulaufen. Die ganze Zeit hat sie eine Art Mantra vor sich hin genuschelt, und bald sind ihre Bewegungen ruhiger und gleichmäßiger geworden. Ich habe nicht versucht, mich mit ihr zu unterhalten – man hat ihr angesehen, dass sie hoch konzentriert war. Nach fünf Minuten habe ich »Halbzeit!« gesagt, und sie hat mir ein kleines Lächeln zugeworfen. Danach habe ich ihr bei zwei Minuten und schließlich bei einer Minute Restzeit Bescheid gegeben und zuletzt die finalen zehn Sekunden heruntergezählt. Sie hat schwer geschnauft und sich ein Lächeln abgerungen. Am Ende musste sie lachen, hat gehustet und sich die Seite gehalten.

»Gut gemacht!«, habe ich sie gelobt. »Saubere Leistung!«

Sie hat gestrahlt und mich abgeklatscht. »Von uns beiden, oder?!«, hat sie gemeint. »Los, dafür belohnen wir uns!«

Also sind wir zu Tesco Express spaziert. Alice hat eine große Flasche Schokomilch und ein Hühnchen-Avocado-Sandwich gekauft. Solche Leute mag ich. Ich habe mir Schoko-Knusperkugeln und Doritos geholt. Als sie das gesehen hat, hat sie gejubelt, und gemeinsam haben wir uns draußen vor dem Laden auf eine Mauer gesetzt und die komplette Ausbeute geteilt.

»Du gehst ständig laufen, oder?«, hat sie gefragt, beinahe ein bisschen vorwurfsvoll. »Tut mir leid, falls ich deine Runde ruiniert habe.«

»Ha, so ein Quatsch! Mach dir keine Sorgen. Genau genommen habe ich auch erst vor Kurzem die Langstrecke für mich entdeckt.«

»Echt?«

»Jep, sogar vor weniger als sieben Wochen.«

»Na ja, ein bisschen habe ich gemerkt, dass du Schwierigkeiten hattest …«

Eine Sekunde lang bin ich baff gewesen. Ehe sie ihren Kopf zurückgeworfen und in die kalte Nachtluft gegackert hat. Ich habe ihr Lachen sehen können. Und dann mein eigenes. »Nein, aber im Ernst, Lena: Danke dir, du hast im Alleingang meinen Lauf gerettet. Ohne dich hätte ich meine Einheit heute Abend nicht abgeschlossen, und das hätte ganz bestimmt meine gesamte Woche ruiniert.«

»Ach, nicht der Rede wert, ehrlich.«

Wir haben unsere Snacks zu Ende gemampft und uns ein bisschen über die Schule unterhalten. Alice schien überhaupt nicht viel über Aimee zu wissen. Die Glückliche. Sie hat ein wenig von ihren Freundinnen erzählt, viel mehr aber über irgend so einen zum Brüllen komischen Typen namens Jacob Porter aus ihrem Kunstkurs. Könnte sein, dass sie ihn mag. Sie hat mich sogar gefragt, ob es okay ist, wenn wir ein Selfie machen, das sie ihm dann schickt.

Ich habe gesehen, was sie dazu geschrieben hat: Bloß ein schnelles Interview mit Leichtathletik-Star Lena Singleton für mein Vlog.

Er hat geantwortet: OMG, du bist echt nicht zu bremsen. Nächster Gast: Katarina Johnson-Thompson!

Alice hat seine Nachricht ein Lächeln entlockt, und plötzlich hat sie wie verrückt zu kichern angefangen.

»Was gibts?«, habe ich gefragt. In der Hoffnung, dass der Insiderwitz nicht auf meine Kosten ging.

»Ich hatte mein Handy die ganze Zeit über in der Tasche!«, hat sie gejapst.

»Und?« Ich bin nicht ganz mitgekommen.

»Darauf ist die Runtime-App auch installiert – nicht nur auf meinem iPod.« Sie hat sich eine Hand gegen die Stirn geklatscht, und zugegeben, das war ziemlich lustig. Allerdings auch mein Glück, dass sie es nicht früher gemerkt hatte.

»Bis morgen!«, hat sie gerufen, als ich nach Hause abgebogen bin. Ganz selbstverständlich. Als wären wir befreundet.

Du hast eine neue Freundschaftsanfrage von **Alice Daly-Donne**.

Hi Lena, wenn du für dich behalten könntest, dass du mich hast laufen sehen, wäre das prima … ich bin noch einen Hauch zu grottig, um das öffentlich zu machen. Dankeeee *stirbt vor Erschöpfung*

Lena Singleton hat deine Freundschaftsanfrage bestätigt.

NICHTS an einem triumphalen Fünfundzwanzig-Minuten-Lauf ist grottig! Du solltest stolz auf dich sein.

Nachricht von **Alice Daly-Donne** an **Lena Singleton**:

Na ja, klar bin ich stolz, aber das nur unter uns …

Freddie-Mercury-Schnurrbart WEEE ARE THE CHAAM-PIONNNS, MY FRIIIEEENND.

Minnie Michaels

überrascht sich manchmal selbst.

Wieder schaue ich mir einen Film mit der französischen Schauspielerin an. Mum war von meinem Vorschlag begeistert. Ich habe sogar mein Handy in meinem Zimmer liegen lassen, damit ich gar nicht erst in Versuchung komme, Daniel zu schreiben und darüber irgendetwas von der Handlung zu verpassen. Diesmal verkörpert die Schauspielerin eine betrogene Frau. Ihr Mann – der viel älter ist als sie und wahrlich nicht besonders attraktiv – ist fremdgegangen, ausgerechnet mit einer deutlich jüngeren Dame, und unsere Frau ist richtig, richtig sauer deswegen. Mum und Dad witzeln die ganze Zeit albern, dass besser keiner von ihnen das je versuchen sollte. Mum beherrscht die Sprache, daher antwortet sie Dad manchmal auf Französisch, und obwohl ich nicht genau verstehe, was sie sagt, begreife ich doch, worum es im Kern geht – allerschmalzigstes Liebesgeplänkel. Dad kennt bloß ein paar einfache Vokabeln, deshalb stimmt er ihr vor allem zu, und das mit übertriebenem französischem Akzent.

»Wieso sprichst du so gut Französisch, Mum?«

Und dann lässt sie die Bombe platzen.

»Ich habe mal in Paris gelebt.«

Quoi?!

Wer hätte das gedacht: Mum hat an einem zweijährigen Austauschprogramm mit einer französischen Universität teilgenommen! Wie konnte sie mir das bisher vorenthalten?

»Warum hast du das nie erwähnt?!«

Sie meint bloß: »Habe ich doch.« Und ich frage mich, ob das vielleicht sogar stimmt. Vielleicht wusste ich es und habe es vergessen. Vielleicht erschien es mir nicht bedeutsam, sodass ich es einfach überhört habe. Schließlich hat es nichts mit Netball zu tun.

»Erzähl mir alles darüber!« Mit einem Mal bin ich restlos begeistert von der Vorstellung, wie Mum, chic in einem schlichten weißen T-Shirt, durch Paris schlendert. »Hast du Fotos?«

»Ja, natürlich. Und ich berichte dir gern davon, aber können wir zuerst den Film fertig schauen?«

»Oh ja, mais oui!«

»Bien!«

Der Film ist großartig. Die Frau stellt ihrem Mann eine clevere Falle und entlarvt ihn mit seiner Affäre vor sämtlichen Freunden und Klienten bei einem großen Geschäftsempfang. Die junge Dame, mit der er sie betrogen hat, ist die Tochter eines seiner wichtigsten Investoren, und er verliert alles. Am besten gefällt mir, dass unsere Protagonistin einen Männer-

Smoking trägt, als sie ihn so göttlich in die Bredouille bringt. Sie sieht darin so megacool aus, dass ich später Stunden mit der Google-Bildersuche verbringe, um ein Standbild von ihr in dem Anzug zu finden – das ich anschließend auf meinem Handy speichere, um es mir immer wieder angucken zu können. Irgendwie fühlt es sich inspirierend an. Nicht, dass ich je eine betrogene Ehefrau sein möchte – oder jemand, der gnadenlos auf Rache sinnt. Aber sie wirkt so stark und selbstbewusst und, ganz ehrlich, wie eine Frau, der alles am Allerwertesten vorbeigeht.

NEUE NACHRICHT VON DANIEL

Film fertig? Lust, laufen zu gehen?

Daniel und ich sind in letzter Zeit öfter ein bisschen zusammen gejoggt, damit ich wieder in Form komme. Jeweils bloß zwanzig Minuten am Stück oder so. Schon ein paar Mal inzwischen, und ich liebe es wirklich. Meine Schulter schmerzt nicht mehr, und es tut gut, meinen Körper wieder zu gebrauchen. Daniel redet und redet. Ich genieße es, ihm dabei zu lauschen, wie er über seine Erlebnisse im Unterricht plappert oder Dinge beschreibt, die er im Internet gelesen hat und spannend findet. Er interessiert sich brennend für außergewöhnliche neue Materialien, die in Japan dazu eingesetzt werden, Prothesen zu fertigen, und auch für die dazu verwendeten 3D-Drucker. Er ist unglaublich wissbegierig, in so vielen Bereichen.

Wir treffen uns im Park, und er schließt mich zur Begrüßung fest in die Arme. Seine Umarmungen sind wie sein Lächeln:

warm und gigantisch und ein bisschen albern. Er presst jeden Zentimeter seines Körpers gegen meinen und drückt dann zu, bis ich zu lachen anfange.

»Hey, mein Girl.«

»Hey, mein Boy – lass uns loslegen!«

Wir traben gemächlich außen um den Park. Daniel verrät mir, dass er alles daransetzt, das Moped seines Bruders zu reparieren und ihn damit an seinem Geburtstag zu überraschen. »Die Maschine läuft noch, gibt aber diese grässlichen Geräusche von sich. Ich vermute, sie muss bloß mal ordentlich sauber gemacht werden. Und das Beste ist: Ich weiß, dass Mum ihm eine neue schenkt, weil er ihr erzählt hat, seine sei Schrott, und weil er immerhin einundzwanzig wird ... so, wie ich die Sache sehe, stehen die Chancen also gut, dass er mir die alte einfach zu meinem Geburtstag zurückschenkt, wenn ich sie anständig wieder auf Vordermann bringe!« Er strahlt. Wer würde ihm da kein Moped schenken wollen?

Wir begegnen ein paar anderen Joggern, die uns zulächeln, und einigen Pärchen aus der Schule, die auf einer Bank knutschen. Das wiederum entlockt uns ein einmütiges Lächeln. Daniels Fußballtraining beginnt in rund einer halben Stunde, deshalb muss er sich nach wenigen Runden um den Park verabschieden. Wir umarmen uns noch einmal schnell, dann rennt er davon, winkt dabei und wirbelt noch einmal herum, um mich ein wenig länger anzulächeln.

Ich beschließe, allein noch eine letzte Runde um den Park zu drehen. Die Temperatur ist perfekt, und alles fühlt sich ruhig und friedlich an. Einige Augenblicke lang martere ich mich mit Selbstvorwürfen, weil ich mich heute *wieder* davor gedrückt habe, eines der Anmeldeformulare für den Frankreichaustausch aus dem Sekretariat zu holen. Die Deadline kommt immer näher, und offenbar bin ich nicht in der Lage, mich dazu zu bringen, einfach nur diesen Zettel einzusammeln. Selbst wenn ich ihn mir besorge, verpflichtet mich das immerhin vorerst zu nichts. Ich müsste niemandem ein Sterbenswörtchen davon erzählen, bis ich alles durchgelesen und entschieden hätte, ob ich mich tatsächlich bewerben möchte. Ich laufe weiter und stelle mir dabei vor, der Park wäre Paris. Ich weiche Radfahrern mit frischem Baguette in ihren Lenkerkörben aus. Höre, wie kleine alte Männer mit Filzbaretts mich von einer Parkbank aus mit »Allô!« grüßen, während ihre winzigen Hündchen neben mir herrennen. In meiner Fantasie lasse ich mich nach einem langen Lauf in der Frühlingssonne in einen Stuhl vor einem Café sinken und bestelle zwei Croissants und einen Kaffee. Lese eine französische Zeitschrift. Tunke mein Croissant in einen köstlichen heißen Milchkaffee. Esse einen Salat in der Kantine einer Kunstgalerie. Spaziere mit einer Einkaufstasche voller Marktgemüse am Fluss entlang. Stöbere, in einen Wollmantel gehüllt, durch einen Buchladen. Rufe anderen Läufern im Vorübersprinten »Excusez-moi!« zu. Excusez-moi! Excusez-moi!

Ich schließe zu einer kleinen Läufergruppe auf, die plötzlich wie aus dem Nichts vor mir erschienen ist. Alle tragen Leuchtarmbänder, obwohl es noch gar nicht dunkel ist, und ganz vorne joggt ein hochgeschossener, schlaksiger Mann, bei dem es sich um den Anführer der Truppe zu handeln scheint. Er trägt eine Art Latzhose über seinen Laufklamotten, auf der »FIT4LIFE PERSONAL TRAINER UND LAUFCOACH« prangt – der Typ von dem Poster in der Schule! Das hier muss der Laufclub sein, für den der Aushang geworben hat. Die meisten der Läufer haben Kopfhörer auf den Ohren, aber ein paar unterhalten sich beim Rennen ein wenig. Der Coach signalisiert ihnen, dass sie bei nächster Gelegenheit aus dem Park abbiegen, und zusammen steuern sie mit ihren synchron blinkenden Armbändern die Straße an. Ich überrumpele mich selbst, indem ich ihnen folge – ohne den blassesten Schimmer, was mich dazu treibt. Ich schätze, ich bin neugierig, wohin sie unterwegs sind. Obwohl ich ahne, dass sie Antwort einfach lautet: »Sie laufen.«

Ich halte mich ein paar Schritte hinter den Schlusslichtern der Gruppe, und mit einem Mal lässt sich der große Mann durch den Pulk nach hinten spülen und fällt neben mir in Trab.

»Hiya! Ich bin Leo. Willst du bei uns mitmachen?«

Und weil mir spontan kein anderer Grund einfällt, aus dem ich ihnen gefolgt sein könnte, sage ich: »Ja, gern – falls das in Ordnung ist?«

»Nur zu, herzlich willkommen. Du schaust aus, als wüsstest du, was du tust, aber sollte es Probleme geben – sag mir Bescheid.«

»Danke. Okay. Danke.« Merci beaucoup.

Hin und wieder ruft er denjenigen von uns, die ohne Stöpsel

im Ohr laufen, eine Richtungsanweisung zu. Manchmal lobt er uns oder kommentiert den herrlichen Abend. Als die Sonne immer tiefer sinkt und alles flimmrig und dämmrig wird, brüllt er »ICH LAUFE!« in die Nachtluft, und die komplette Gruppe antwortet geschlossen: »WIR LAUFEN!« Was mir absurd und völlig plausibel zugleich erscheint. Wir laufen. Wie ein Wolfsrudel. Stark, synchron, kontrolliert. Und es fühlt sich großartig an.

Nach einem Abschnitt auf der Straße gelangen wir über eine Schleife wieder in den Park und absolvieren als Cool-down noch einige Dehnübungen. Mit einem Mal bin ich verlegen und wünsche mir insgeheim, ich hätte mich noch während der Laufrunde heimlich aus dem Staub gemacht und nach Hause davongestohlen.

Leo klatscht in die Hände, versichert nochmals allen, dass wir unsere Sache hervorragend gemacht haben, und die Übrigen brechen ebenfalls in Applaus aus. Alle lächeln. »Und außerdem haben wir eine neue Mitläuferin – das ist Minnie, alle miteinander!«

»Hi, Minnie!« – »Super Lauf, Minnie!« – »Schön, dich kennenzulernen!« – nette Worte hallen von allen Seiten aus den Reihen der neongewandeten Gruppe, doch ich bin zu perplex, um zu antworten. Woher kennt Leo meinen Namen?

Er kommt herüber und reicht mir ein blinkendes Armband. »Wir treffen uns jeden Abend um halb sechs hier. Trag das beim nächsten Mal.«

Und einem weiteren irrsinnigen Impuls folgend greife ich danach, drehe mich um und sprinte mit dem Band in der Faust davon.

[Privat]

Alice Daly-Donne

wartet an den Mülltonnen … wahrscheinlich.

»Hi, Jacob.« Ich habe Jacob Altman bei den Mülltonnen überfallen. Ich hatte mir vorgenommen, ihn zu grüßen, sobald ich ihn sehe, und plötzlich war er da, unmittelbar als Erstes am Morgen, neben den Tonnen. Er konnte noch gar keine Zeit gehabt haben, irgendwelchen Müll zu produzieren. Selbst für ein Twixpapierchen war es zu früh. Sogar für mich – ich bin ja kein Tier. Also habe ich meine Taschen nach etwas Wegwerfbarem durchwühlt und ein brandneues, unbeniestes Taschentuch gefunden, es in die Tonne befördert und mich dabei leise bei dem kleinen Zweig entschuldigt, der nun meinetwegen ganz umsonst gestorben war.

»Hi …«, hat er geantwortet, höchst verdächtig etwas zusammengeknüllt und so hastig in seine Tasche zwängen wollen, dass es ihm aus den Fingern gerutscht und zwischen uns auf dem Boden gelandet ist. »… Alice.«

Ich schaue nach unten: Dort liegt nun eines der neuen Schul-Lesezeichen mit den Fotos von JENEM TAG. Himmel, das bedeutet, dass all diese Bilder inzwischen in der Öffentlichkeit zirkulieren. Auf diesem sind meine beiden sportlichen Fake-Freundinnen zu erkennen, wie sie gemeinsam die Tartanbahn entlangrennen. Gute Wahl, Jacob. Schneewittchen hat bei Mädchen offenbar den gleichen Geschmack wie bei seinen Waldtier-Freunden: klein und süß und flink …

»Tja, dann bis später in Kunst«, sage ich, weil ich mich jetzt über ihn ärgere.

»Okay …«

Ich warte.

»… Alice.«

Phänomenal.

Jodie und Caro entdecke ich bei einigen weiteren Abfallbehältern am anderen Ende des Schulgebäudes. Zum Glück sind wir bereits seit Jahren befreundet, sodass ich nicht noch mehr Alibi-Müll produzieren muss. »Zup?«, mache ich und lasse mich zwischen sie fallen. Beide unterhalten sich gerade in Lichtgeschwindigkeit darüber, dass sie vielleicht eventuell unter Umständen schon ihre Partner für den Ball klargemacht haben.

»Zup?!?«, wiederhole ich. Und weil alle zwei mich angucken wie Autos, wechsele ich zu *Grease*: »Tell me more, tell me more …«

Anscheinend sind Marcus und Kevin aus ihrem zum

Schreien komischen Sozialkundekurs ziemlich niedlich, und Marcus hat Jodie wohl erzählt, Kevin möge Caro, und Caro hat Kevin erzählt, dass Jodie Marcus mag, und anschließend hat Marcus wiederum Kevin verraten, wie nett er Jodie findet, während Josie Caro anvertraut hat: Sie denkt das Gleiche über Kevin. Und jetzt gehen sie alle zusammen zum Ball – »einfach nur als Freunde«, weil das sicher total spaßig wird.

Ich bin noch vollauf damit beschäftigt, dieses groteske Liebesviereck auseinanderzuklamüsern, als Jacob Porter herbeigerannt kommt, dabei meinen Namen kreischt und mir die Arme um den Hals wirft. Exakt diese Reaktion hatte ich mir vom Anderen Jacob erhofft, allerdings weniger stürmisch. Wenn ich es mir recht überlege, wäre eine vergleichbare Begrüßung auch von Jodie oder Caro schön gewesen. »Hast du die Fotos gesehen? Wir schauen MAKELLOS aus. Und man merkt nicht mal wirklich, dass ich geschminkt bin!« Diese Bilder sind das Letzte, womit ich mich im Augenblick näher befassen möchte. Er dreht sich um und begrüßt pflichtschuldig auch Jodie und Caro – »Hi, Mädels!« –, ehe er abermals zu mir herumwirbelt und theatralisch flüstert: »Und, lässt du uns jetzt fallen und wirst Lena Singletons beste Freundin?« Jodies und Caros Gekreische verstummt und beide wenden sich uns zu, gespannt auf meine Antwort.

»Ähm, nein?« Aber jetzt brauche ich einen Grund, aus dem wir gestern Abend zusammen unterwegs waren, und die Wahrheit – dass sie als Laufcoach für mich eingesprungen ist – kann ich nicht preisgeben, weil Jodie und Caro nach wie vor zuhören und ich die beiden, ohne genau zu wissen, weshalb, in dieser Sache noch immer nicht ins Vertrauen ziehen möchte.

»Wir sind schon seit Ewigkeiten befreundet«, spinne ich eine Lüge, von der ich selbst noch nicht weiß, wie sie weitergehen soll. »Wir haben einen gemeinsamen Kurs.«

Das stimmt, aber dieser Kurs ist schon am ersten Tag des Halbjahres in fünf kleinere Arbeitsgruppen aufgeteilt worden, und wir sind in unterschiedlichen Teams gelandet.

»Ihr wirkt bloß SO vertraut auf dem Foto mit Minnie Michaels.« Ach ja, richtig, *das* Foto. »Keine Panik, Ladys«, meint Jacob zu Caro und Jodie, die nicht im Mindesten besorgt anmuten.

Ausgerechnet in haargenau diesem Moment eilt Lena Singleton mit höchst unpassendem Timing durch unser Blickfeld, sodass ich gezwungen bin, zu winken und »Hi Lena, wir sehen uns nachher im Kurs!« zu rufen, um meine Lüge glaubhafter zu machen, und sie wirft mir diesen Blick mit weit aufgerissenen Augen zu, der eindeutig »Halt die Klappe!« schreit. Ich versuche, ihr per Gedankenübertragung eine Erklärung à la »Ich wollte bloß mit meinen Laufeskapaden nicht auffliegen, bitte tu nicht so, als würdest du mich nicht kennen, wir sind einfach alte Kursfreundinnen, okay? Danke!« hinterherzuschicken, bis mir klar wird, dass das für eine telepathische Botschaft vermutlich zu lang ist. Also sende ich während der Anwesenheitskontrolle eine kurze Textnachricht.

Ob wir uns nicht einfach später bei den Mülltonnen treffen könnten, dann würde ich ihr alles ordentlich auseinandersetzen …

Lena Singleton 

findet, dass sich endlich etwas bewegen muss.

Aimee ist immer noch verschnupft, weil ich sie neulich habe stehen lassen, aber als Alice Daly-Donne quer über den Schulhof zu mir herüberbrüllt, bringt sie das auf einhundertachtzig. »Was läuft da zwischen dir und Big Alice?«

»Nichts«, sage ich. Was schließlich der Wahrheit entspricht … oder?

»Oh mein Gott!« Wir hasten gerade durch den Eingangsbereich, als wir es sehen. Als Aimee es sieht. Sie analysiert die Situation – ich kann ihr buchstäblich dabei zuschauen, wie sie verschiedene Strategien in Erwägung zieht und die beste wählt, um mich in meine Schranken zu weisen. »Das muss dir ja SO WAS VON peinlich sein.«

Die Fotos sind viel größer, als ich erwartet hatte. Mir war nicht klar, dass sie auch auf anderen Werbemitteln benutzt würden – ich hatte lediglich an die Schulbroschüren gedacht.

Nun prangen unsere Gesichter in Überlebensgröße auf wetterfesten Vinyl-Bannern. Auf hohen Schildern mit eigenen Metallständern. Auf Wimpeln und Lesezeichen und Klemmmappen aus Plastik, Himmel noch mal. Die Originalbilder sind an eine gigantische blaue Pinnwand geheftet. Ausnahmslos alle. Jedes aufgesetzte Lächeln, jede gestellte Unterhaltung, jeder gemimte Jubel und sämtliche inszenierten Wettrennen – ich in meinem Fake-Leben.

»Hahaha, du und Prinzessin Minnie, ihr schaut so winzig aus neben Big Alice.«

»Nenn sie nicht so!«, fauche ich.

»Was, stehst du jetzt auf sie, oder wie? Du hast sie früher auch so gerufen, schon vergessen?«

»Ich weiß! Und ich wünschte, ich hätte es nicht getan. Es ist einfach fies, Aimee. Wieso müssen wir derart gemein sein?«

Aimee wirkt vollkommen überrumpelt. So etwas habe ich noch nie zu ihr gesagt. Und weil ich keine Ahnung habe, was ich damit soeben losgetreten habe, tue ich es einfach noch einmal: Ich flüchte.

Im Klassenraum angekommen, entdecke ich, dass ich eine Nachricht von Alice auf dem Handy habe, und tippe eine schnelle Antwort.

Hast du Lust, mal wieder zusammen laufen zu gehen?

Ich sitze neben Seb, und er ist witzig und lieb. Ich verstehe, weshalb Aimee ihn so mag. Mir ist leicht und kribbelig zumute. Als würde ich mich verändern. Ich werde den Schritt tun – ich habe den Entschluss gefasst. Ich werde aus Aimees Netz ausbrechen. Vielleicht schließen Tasha und Nikki sich mir an, aber wenn nicht, dann ist das genauso in Ordnung. Ich werde Alice' Freundin sein. Mit Alice laufen gehen. Womöglich sogar mit Seb befreundet sein. Sofern das möglich ist.

Nachricht von **Alice Daly-Donne**:
Keine Zeit heute Abend, aber ich habe für morgen eine Runtime-Laufeinheit geplant, falls du mich begleiten magst?

Klingt gut.

Laufen gehen muss ich heute trotzdem. Ich werde mich an Dads Gruppe heften.

Minnie Michaels

trägt ein Blinkarmband.

Lange habe ich auf die Fotos gestarrt und mich gefragt, weshalb sie sich derart falsch anfühlen, irgendwie. War ich damals tatsächlich so glücklich? Weil ich auf den Bildern *wirklich* glücklich wirke. Zu glücklich. Ein lächelndes Mädchen in blütenweißem Sportdress, das nach den Sternen greift – oder was auch immer der abgeschmackte Slogan darunter behauptet. Lachend mit meinen Teamkolleginnen, beim Toreschießen, beim Gewinnen. Auf der Laufbahn – inspiriert und inspirierend. Entspannt und locker mit Freundinnen; ein Bild, das Lebensbejahung und Freude ausstrahlt. *Leichten Fußes auf dem Weg zum Erfolg!*

Aber mein Lächeln auf den Fotos mit meinen Fake-Freundinnen ist kein anderes als das, das mein Gesicht in den Teambildern ziert. Offenbar handelt es sich dabei um eine vielseitig anwendbare Schablone, für verschiedenste Anlässe geeignet. Ich vermag die Mädels aus meiner Mannschaft nicht einmal voneinander zu unterscheiden, und das schockiert mich. Wie kann das mein wahres Ich sein? Ich schätze, im Grunde ist es lediglich die Maske, die ich aufsetze, um andere Leute zufriedenzustellen. Damit sehe ich aus wie Minnie, aber die eigentliche Minnie ist gar nicht da …

Captain Bella ist in meine kleine Identitätskrise eingebrochen. Wann ich wieder ins Teamtraining komme? Wann ich wieder für den Club spielen könne? Warum ich solange nicht wenigstens bei den Konditionsübungen mitmache? Ob der Arzt mir noch keine Freigabe erteilt habe? Meine Mitspielerinnen fehlen mir doch sicher, nicht wahr? Ich kann die nächste Saison bestimmt kaum erwarten, oder?

Alles, was ich als Antwort darauf zustande gebracht habe, waren Ausflüchte und Drucksereien. Bis Bella genervt war. »Ich bitte dich, Minnie – wo liegt das Problem?!« Und auch das konnte ich ihr nicht erklären, denn was hätte ich sagen sollen, ohne in ihren Ohren albern zu klingen? Ich kann nicht zum Netball kommen, weil mir klar geworden ist, dass ich gar nicht wirklich weiß, wer ich bin? Schlechteste Ausrede aller Zeiten. Daher habe ich irgendetwas über einen angeblichen Termin beim Physiotherapeuten zusammenfabuliert, aber ich glaube, allen anderen gegenüber hatte ich bereits behauptet, zu einem Familiengeburtstag zu müssen – sollten sie sich also miteinander austauschen, fliegt auf, dass alles gelogen war. Als ich von der Schule nach Hause komme, fühle ich mich gründlich elend.

Mum scheint gespürt zu haben, dass ich es nötig habe, denn sie wartet bereits in der Küche auf mich, mit einem Fotoalbum und einer Stempelkanne heißen Kaffees. Außerdem hat sie diese kleinen muschelförmigen Biskuittörtchen – Madeleines – gebacken und meint, wir sollten sie in den Kaffee tunken. Sie sind süß und köstlich, und der Kaffee schmeckt dazu dunkel und elegant. Wir blättern gemeinsam das Album durch und sie benennt die Sehenswürdigkeiten und schildert kurze Anekdoten zu den Orten, die sie besucht, und den Leuten, die sie getroffen hat. Ein wenig enttäuscht bin ich darüber, dass sie in Wirklichkeit während ihrer Zeit in Frankreich nicht besonders chic ausgesehen hat, mit ihrer Vorliebe für hippiemäßige Häkelcardigans über Rollkragenpullovern, kombiniert mit jeder Menge braunem Cordstoff.

»Offen gestanden bist du nach einer Freundin benannt, die ich in Paris hatte.«

»Du machst Witze? Erzähl!«

»Na ja, sei nicht böse, aber Minnie hieß die Katze meiner Vermieterin. Glaub mir, sie war eine wunderhübsche Katze, und Madame Brodeteaux hat sie vergöttert. Minnie la chatte ist stets in mein Zimmer geschlichen und hat auf meinem Bett gedöst, während ich außer Haus war. Ich habe das Fenster für sie offen gelassen, damit sie mir das Kissen vorwärmt. Immer wieder habe ich ihr die Sahne aus meinen Eclairs gegeben, weil die an der Seite herausquillt, sobald man hineinbeißt, wenn die Stückchen gut gefüllt sind. Sie hatte zauberhafte blaue Augen, genau wie du. Und sie war ebenso warmherzig und klein und reizend, wie ich dich bei deiner Geburt allen beschrieben habe – deshalb hat der Name einfach perfekt gepasst. Deinem Dad habe ich nie verraten, woher er stammt!«

Um Viertel nach fünf klingelt etwas in mir wie ein Alarm. Ich hatte nicht ernsthaft vor, zum Treffpunkt des Laufclubs zu gehen. Den ganzen Tag habe ich damit verbracht, mich selbst davon zu überzeugen, dass ich definitiv nicht dort aufkreuzen sollte – aber nun, da ich ernsthaft Gefahr laufe, zu spät zu kommen, schnüre ich in fieberhafter Eile meine Laufschuhe. Ich renne in den Park, ehe ich mich selbst davon abhalten kann, und Leo erspäht mich und winkt mir mit breitem Grinsen im Gesicht entgegen.

»Minnie, du hast es geschafft – toll, dass du da bist!« Oh Gott, ich hatte vergessen, dass er genau weiß, wer ich bin.

»Siehst du, Lena, ich habe dir ja gesagt, dass sie kommt. Jetzt könnt ihr zwei Mädels zusammen laufen.«

Lena Singleton

gibt sich so leicht nicht geschlagen.

Die Sache ist die: Er hat mir *nicht* gesagt, dass sie da sein würde. Hätte er es getan, wäre ich nämlich nicht da gewesen. Und das wusste er. Ich bin fuchsteufelswild. Er lächelt und drückt meine Schulter, während er sich an die Gruppe wendet.

»Heute Abend haben wir eine schöne große Runde vor uns. So locker und langsam, wie ihr mögt. Lasst sie uns genießen. Und los gehts!«

Pah. Von wegen.

Ich flitze vorneweg. Ordne mich neben Dads fittestem und schnellstem Klienten ein. Dass ich sein Tempo die komplette Strecke über mithalten kann, ist eine Illusion, aber ich muss Minnie zeigen, wer hier der Boss ist. Das ist *mein* Heimspiel. *Mein* Laufclub.

Mein Blick ist starr nach vorn gerichtet. Meine Füße hämmern meinen Frust in den Asphalt. Was will sie hier? *Ich* laufe

Langstrecke. *Sie* ist Sprinterin. Sie sollte überhaupt nicht hier sein. Was glaubt sie, wer sie ist? Kann ich nicht diese eine Sache haben, bei der sie mich nicht in den Schatten stellt? Und das auch noch vor den Augen meines Dads? Ich höre mich selbst mit Aimees Stimme: »Boah, was denkt die Kuh sich eigentlich?« Meine Schritte werden noch forscher, und ich spüre, wie meine Brust sich langsam zuzieht. Diese Geschwindigkeit schaffe ich keine Minute mehr – von einem weiteren Kilometer ganz zu schweigen.

Ich bleibe stehen und blicke mich um. Inzwischen bin ich allein. Ich bin der Gruppe davongewetzt, habe Dad und den Rest des Laufclubs in meinem Staub zurückgelassen. Ich stütze mich auf meine Knie und sauge japsend die Abendluft ein. Jeder Zug tut weh. Ich bin von der geplanten Route abgewichen, und als ich mich umwende, sehe ich, wie die anderen sich in einer Kolonne aus dem Park auf die Straße schlängeln.

Mir wird bewusst, wie kindisch ich wirken muss. Wie sehr ich meinen Dad vor all seinen Klienten blamiert habe. Dass Minnie zweifellos denkt, ich habe Angst, mit ihr zusammen zu laufen. Ich selbst denke daran, wie grausam Aimee ist. Im Gegensatz zu Alice. Alice, die ebenfalls läuft. Weil Laufen für alle da ist. Ganz plötzlich bin ich wütend und unglücklich und hoffnungslos, alles auf einmal, und weil mir in meiner Hilflosigkeit nichts Besseres einfällt, brülle ich meine Gefühle laut heraus: »AARRRGHHHHH!«

Und weil er großartig ist, reagiert mein Dad auf meinen Schrei.

ICH. LAUFE!!!

Und dann folgt die Antwort der Gruppe.

WIR. LAUFEN!!!

Sie sind direkt hinter der Mauer – sie haben den Park einmal außen umrundet und kommen gerade wieder auf meiner Höhe an. Wenn ich mich beeile und den nächsten Ausgang nehme, schaffe ich es, vor der Ampel zu ihnen zu stoßen. Ich winde mich innerlich, renne aber erneut los. Sprinte, als hinge mein Leben davon ab. Vielleicht tut es das. Vielleicht kann das Leben, in dem ich verbittert und eifersüchtig bin wie Aimee, im Park zurückbleiben, und indem es mir gelingt, die anderen vor der Ampel einzuholen, entfliehe ich ihm. Ich gebe alles und dann noch ein wenig mehr. Fühle mich wie ein wildes Tier, panisch und verzweifelt. Ich jage durch das nächstgelegene Tor und blicke mich hektisch um. Ich sehe sie nicht. Ich sehe sie nicht. Die Ampel springt um, und sie sind bereits weg. Meine Chance, ein guter Mensch zu werden, scheint vergeben.

»Lena!!!«

Ich wirbele herum, und da entdecke ich sie. Sanft strömen sie im Dämmerlicht auf mich zu. Lächelnde Gesichter. Warm und offen. Dad, der strahlt.

»Falsche Richtung, Kleines. Ein Glück, dass du uns gefunden hast. Denk immer daran: locker und langsam.«

»Du bist ein guter Coach, Dad.«

Er tätschelt im Vorbeilaufen meinen Kopf. Die Gruppe umspült mich wie ein Bach. Ich bin der Stein, der im Moment festhängt. Ganz hinten kommt Minnie.

Ich hole tief Luft und falle neben ihr in Trab. Locker und langsam.

»Hey, Minnie.«

Locker und langsam.

Alice Daly-Donne

setzt neue Maßstäbe bei Dates und Mode.

Nur noch eine Woche bis zum Sommerball, und obwohl er sämtliche meiner beiläufigen Status-Updates mit der Botschaft, dass ich unbedingt hinwill, gelikt hat, bin ich vom Anderen Jacob bislang nicht dazu eingeladen worden. Wahrscheinlich hat er irgendein winziges süßes Häschen mit langen Wimpern gefragt. Erst als Caro und Jodie davon gesprochen haben, dass sie mit Dingsbums und Wieauchimmererheißt verabredet sind, habe ich überhaupt realisiert, dass ich eine Verabredung brauche. Denn nun, da die zwei ihre Typen haben, nehme ich an, ich bin wohl abgeschrieben. Auch wenn wir diese Pläne mit den Alte-Leute-Klamotten hatten. Oder habe ich das falsch in Erinnerung?

»Hast du schon ein Date für den Ball?«, frage ich meinen Lieblingselfen.

»Natürlich nicht. Ich bin Engländer. Niemand hat eins. Außer diesem Mädel – Minnie – und ihrem Freund, die ein echtes Paar sind, und dann nennt man es nicht Date, weil sie schon ewig miteinander gehen.« Jacob Porter kennt sich in solchen Dingen aus.

»Ja, nicht wahr? Genau das habe ich mir auch gedacht!«

»Wieso? Wer meint denn, ein Date zu haben?«

»Na ja, Caro und Jodie haben das von sich behaup-tet!«

»Und wer sollen die Glücklichen sein? Die Schwedenversion von Ant & Dec?« (Kevin und Marcus sind beide blond und sehen ziemlich nordisch aus … und klein sind sie außerdem.) »Was für ein Quatsch. Das ist bloß eine dieser Situationen, die Mädels für ein bedeutsames Date halten, während die Jungs sich nicht einmal sicher sind, welche der Damen sie überhaupt mögen sollen. Sie haben bloß eingewilligt, mitzukommen, da sie ohnehin vorhatten, hinzugehen – weil nämlich alle anderen aus unserem Jahrgang auch da sein werden. Das ist kein Date.«

»Da hast du wohl recht. Arme Caro und Jodie. Sollte ich sie ins Bild setzen?«

»Nein, Schätzchen. Lass ihnen ihre Tagträume. Das ist gnädiger.«

»Sodass sie weiterhin denken, sie haben Dates und ich bin eine Loserin.«

»Ja, Schätzchen …« Er grinst mich verschlagen an und bricht dann in Gelächter aus.

Mein Handy plingt, und als ich einen Blick auf das Display werfe, bemerke ich, dass er mich in einer Status-Meldung markiert hat. Wieso ist mir nicht aufgefallen, dass er während unserer Unterhaltung getippt hat?

Jacob Porter bittet **Alice Daly-Donne**, sein Date für den Ball zu sein.

»Ha!! Du Blödmann. Ich werde Ja sagen, und jetzt musst du mich abholen und mir eine kleine Blume an einem Haargummi mitbringen, die ich ums Handgelenk tragen kann, und du darfst den ganzen Abend lang mit keiner anderen tanzen, wenn du nicht willst, dass ich einen AUSRASTER kriege.«

Jacob akzeptiert meine Bedingungen, und wir verbringen den Rest der Stunde gackernd wie Hexen, weil wir die Einzigen in unserem gesamten Jahrgang sind, die tatsächlich ein Date haben.

Dem Anderen Jacob gefällt mein Status, und das fühlt sich an wie der letzte Nagel im Sarg unserer Beziehung. Was für eine Enttäuschung. Ich bin unheimlich froh, dass ich Juliet nichts von ihm erzählt habe. Sie fragt ständig, ob ich irgendjemanden mag.

»Jep«, antworte ich ihr jedes Mal. »Ich mag dich, Mum und Dad, Philip, Clara ... mehr oder weniger, dann noch Drake, Claudia Winkleman ...« Ich mache weiter, bis sie mir sagt, ich solle die Klappe halten, und/oder etwas nach mir wirft.

Nach der Schule treffe ich mich mit Juliet. Wir gehen ins Einkaufszentrum, um mir dort ein Kleid für den Ball auszusuchen. Denn so, wie sie mich für ihre »Dates« – hohoho – versetzt haben, sind Caro und Jodie offenbar auch unsere Pläne, gemeinsam nach Vintage-Roben zu schauen, urplötzlich entfallen. Stattdessen bekomme ich von ihnen Fotos im Gruppenchat bei WhatsApp, auf denen sie identische Stretch-Kleider aus Lycra und dazu himmelhohe Stripperinnen-Highheels anprobieren. Dazu ziehen beide einen Flunsch und schreiben: Wir wissen, das wärst nicht wirklich du, aber es passt HUNDERTPROZENTIG zu uns. Bitte vergib uns! Küsschen! – PS: Aber scharf sehen wir echt aus, oder?

Ich schätze schon. Nach ihrem Geschmack zumindest.

Wie zwei Ariana Grandes, antworte ich. Weil ich weiß, dass sie sich darüber irre freuen werden. Ich selbst fühle mich nicht bereit dafür, mich so anzüglich aufzudonnern. Das mag damit zu tun haben, dass ich in einem Körper stecke, über den sogar Leute aus vorbeifahrenden Autos meinen, Kommentare abgeben zu dürfen. Ich suche beständig nach Wegen, jünger auszusehen – oder zumindest nicht älter, als ich bin. Die figurbetonten Outfits der beiden dagegen setzen jeden Zentimeter ihrer zierlichen Statur und flachen Brüste in Szene, und sofort schießen mir Bilder von schmierigen alten Kerlen in den Kopf, die sich im Internet an den Bildern ergötzen. Männer mit der Fratze.

Juliet wartet mit einem Chai Latte im To-go-Becher auf mich. Ich reiche ihr eines der neuen Lesezeichen mit meinem Foto darauf, und sie krümmt sich vor Lachen. »Das ist total schräg – dass du SO wunderhübsch und gleichzeitig SO EINE STREBERIN sein kannst.« Ich versuche, mir das Lesezeichen wieder zu schnappen, doch sie stopft es hastig in ihre Tasche. Dann streicht sie mein Haar glatt und lächelt. »Du wirst so viele Herzen brechen mit diesem zauberhaften Gesicht … Ich hasse dich! Und ich liebe dich! Aber … ich hasse dich!«

»Aber du liebst mich. Jetzt sei still und lass uns shoppen gehen.«

Juliet bestimmt, dass wir zunächst eine Runde drehen und uns nur die Schaufenster ansehen; danach gehen wir in die drei Geschäfte, die uns am meisten angesprochen haben. Sie hat sich überlegt, dass ich jede Menge unterschiedlicher Styles testen sollte – und außerdem alles, was sie für mich auswählt. Wir stoßen mit unseren Lattes auf diesen Deal an und schlürfen sie dann durch das winzige Loch im Deckel, das vermutlich gar nicht als Trinköffnung gedacht ist.

Der Deal wird bereits am ersten Schaufenster hinfällig, da Juliet abrupt stehen bleibt und ruft: »HALT MEIN HANDY, DAS IST ES!« Statt ihres Handys drückt sie mir ihren Latte in die Hand, rauscht in den Laden und macht sich daran, die Schaufensterpuppe zu entkleiden. Durch die Scheibe deutet sie auf die zwei Getränkebecher und befiehlt: »Schaff die weg und komm rein, das musst du anprobieren!«

Die zwei beinahe vollen Becher *hinter* einen Abfallkorb zu stellen, ist eine bessere Idee, als sie hineinzuwerfen, beschließe ich – und nicht etwa rücksichtslose Müllentsorgung, denn wenn jemand sie dort findet, sorgen sie ja vielleicht für eine nette Überraschung. Juliet wirft mir einen Haufen Stoff zu, und erst als ich ihn in der Umkleide entwirre, wird mir klar, was ich überhaupt in der Hand halte.

»Ein Jumpsuit?!«

»Zieh ihn an!«

»Zum Jumpen?!«

»Zieh ihn an!«

»Oder ist das ein Strampelsack für ein Riesenbaby?«

»Zieh ihn an!«

Ich ziehe ihn an, drehe mich zu meinem Spiegelbild um, und plötzlich … spielt Musik und ich schüttele mein perfekt geföhntes Haar auf, mit sinnlichem Make-up im Gesicht, mein ganzes Antlitz zum Dahinschmelzen …

Na schön, aber auch ohne magische Frisur und Schminke sehe ich in diesem komischen Strampelanzug wirklich gut aus. Die Farbe – ein schillerndes Grün, was jetzt vielleicht eher nach Eidechse klingt – steht mir, das kann sogar ich beurteilen. Die weiten Hosenbeine, die auf Schienbeinhöhe enden, kaschieren meine »athletischen« Schenkel, auch wenn die inzwischen tatsächlich athletisch sind. Eigentlich habe ich keine Angst mehr, sie zu zeigen. Der Ausschnitt des Anzugs ist ebenfalls hübsch, ein wenig verziert und nicht zu tief. Was ich anhabe, wirkt definitiv wie ein Party-Outfit, fühlt sich aber zugleich bequem an wie Hausklamotten. Juliet ist ein Genie.

»Ich bin ein Genie!«, ruft sie, als ich aus der Kabine trippele.

»Wahre Worte.«

»Das feiern wir mit Chai Lattes!«

Mit ein bisschen Glück sind unsere noch da … und mit viel Glück sogar noch lauwarm.

Minnie Michaels

hakt Punkte auf ihrer Liste ab.

Die Situation bei BurgerShack muss ich völlig missverstanden haben, denn offenbar hasst Lena Singleton mich überhaupt nicht. Wir sind die komplette Runde zusammen gelaufen und haben uns am Ende richtig gut unterhalten. Ich vermute, dass sie zuerst irgendwelche Sprints auf Zeit absolvieren musste, aber als sie wieder zu unserer Gruppe gestoßen ist, hat sie sich gleich neben mir eingereiht. Ich habe ihr Fragen zu dem Club gestellt und so herausgefunden, dass sie tatsächlich auch erst seit Kurzem Langstrecke läuft. Vermutlich hat uns beide der Konkurrenzdruck beim Sprinten in der Schule ein bisschen gelangweilt.

»Ich will gern einfach nur für mich laufen, weißt du?«, hat sie gesagt, und ich habe genau verstanden, was sie damit meint. Etwas daran, im Rudel unterwegs zu sein, an einem herrlich warmen Abend, hat sich gut angefühlt auf eine Art und Weise, die mir fremd geworden war in letzter Zeit, und plötzlich habe ich geredet und geredet. Über Netball. Über Daniel. Sogar die

Sache mit Frankreich habe ich erwähnt. Ich habe mich allen Ernstes sagen hören, dass ich Paris sehen möchte und allmählich den Eindruck bekomme, ich sollte vielleicht wirklich hinfahren, um mich gewissermaßen selbst zu finden oder so. Erst nach einer Weile ist mir aufgegangen, dass sie kaum ein Wort zu unserer Unterhaltung beigesteuert hat, und ich habe mich innerlich geschämt.

»Oh Gott, ich muss mal die Luft anhalten. Wolltest du lieber vorneweg oder schweigend laufen?«

»Nein, nein, alles bestens. Ich höre dir zu.«

Und sie hat mir *wirklich* zugehört. »Danke.«

Gegen Schluss der Runde bin ich müde geworden; so weit war ich bisher noch nie gelaufen, und überhaupt hatte ich seit Monaten nicht mehr sonderlich viel Sport getrieben. Mir ist nichts anderes übrig geblieben, als mein Tempo zu drosseln.

»Alles okay mit dir?«

»Ja, alles gut, ich bin bloß ein bisschen erschöpft. Nach wochenlangem Versinken in Selbstmitleid zu Hause ist mein Körper mit dem Pensum gerade überfordert.«

»Wir können langsamer laufen.«

Wir sind in einen ganz leichten Trab übergegangen und haben beobachtet, wie die restlichen Läufer der Gruppe vor uns wieder in den Park eingebogen sind. Während wir zu ihnen aufgeschlossen haben, waren sie bereits mit Dehnübungen beschäftigt. Leo hat uns beiden zugelächelt und gesagt: »Feine Arbeit, Mädels!« Lena hat er dabei mit diesem wahnsinnig lieben, stolzen Vaterblick bedacht. Bei ihm fühle ich mich wirklich gut aufgehoben.

»Noch mal danke, Mr Singleton – es hat enorm Spaß gemacht heute Abend«, sage ich beim Abschied. »Und wir sehen uns morgen in der Schule, Lena?«

»Klar doch.«

Jetzt, auf dem Heimweg, sind meine Glieder ein wenig schwer, aber mein Herz ist umso leichter. Lena hat nicht gelacht, als ich ihr gestanden habe, dass ich überlege, nach dem Studium nach Frankreich zu ziehen – stattdessen wollte sie wissen, ob ich mich für das französische Austauschprogramm diesen Sommer bewerbe, und sie hat mich irgendwie schief angeschaut, weil ich geantwortet habe, ich bin mir noch nicht sicher. »Ach? Aber der Anmeldeschluss ist doch schon bald, oder?«, hat sie gefragt. Jaaa, ist er. Allerdings hat sie dann wiederum auch nicht die Augen verdreht auf meine Aussage hin, dass Daniel das Beste sei, was mir je passiert ist. Und sie hat gelacht, als ich eingestanden habe, dass mir klar ist, wie peinlich das klingt. Sie scheint wirklich nachfühlen zu können, wie es mir im Hinblick auf Netball geht. Den Druck. Ich frage mich, ob ihr Dad in Sachen Laufen ähnlich hohe Erwartungen an sie stellt, aber er wirkt so nett und entspannt, dass ich mir das schwerlich vorstellen kann. Woher auch immer die Empfindung bei ihr rührt: Sie hat mir anvertraut, dass das Laufen außerhalb der Schule ihr bereits in der kurzen Zeit, seit sie damit angefangen hat, sehr geholfen hat.

»Für mich ist das so eine Art stille Auszeit«, hat sie gemeint, und ich habe mich einmal mehr dafür entschuldigt, diese Stille mit meinem Gerede ruiniert zu haben.

»Nein, eine stille Auszeit für den Körper oder so. Alles lockert sich, wie bei einer Massage. Ich fühle mich hinterher einfach besser. Friedlicher.«

Unterwegs nach Hause lasse ich mir diese Worte durch den Kopf gehen. Eine stille Auszeit für den Körper. Interessanter Blickwinkel auf eine so aktive Tätigkeit wie das Laufen – aber tatsächlich habe ich Bewegung schon immer ganz genauso empfunden. Sie gibt mir ein Gefühl von Lebendigkeit und Glück und Frieden, in gewisser Weise. Allerdings klappt das nur mit Laufen und Radfahren, Schwimmen und Klettern. Mit Wochenendkram. Nicht mit Netball. Das Spielfeld ist so ein kleiner Teil dieser Welt, und die Welt ringsum erdrückt mich fast. Ich ersticke. Das Gegenteil einer wohltuenden Massage. Eher ein hoffnungslos verschlungener Knoten.

Die Liste, die ich für mich selbst erstellt habe, fällt mir wieder ein, und zu meiner Freude stelle ich fest, dass ich einen Punkt darauf abhaken kann! Ich bin einem Club beigetreten. Ich weiß schon jetzt, dass es der richtige für mich ist. Und dass ich wiederkommen will. Und der nächste Vorsatz war, eine neue Freundin zu finden … vielleicht ist der fürs Erste immerhin schon halb erledigt.

Lena Singleton

muss innehalten und Augen und Ohren aufsperren.

Okay: Ich war eine totale Idiotin. Zu jedem und in jeglicher Hinsicht. Minnie ist ein aufrichtig nettes Mädel, und zwar seit jeher. Außerdem bildet sie sich auf ihr Talent überhaupt nichts ein. Die Eingebildete bin ich gewesen. Mit meiner Paranoia, dass sie nur darauf aus sei, mich fertigzumachen. Die Einzige, die sie übertrumpfen will, ist sie selbst. (Und diesen Anspruch kenne ich schließlich nur zu gut.) Wir sollten uns beide ein Beispiel an Alice nehmen.

Ich habe Minnie nichts von Alice erzählt, weil das Laufen nach wie vor ihr Geheimnis ist. Aber ich hoffe, Alice schließt sich Dads Club ebenfalls an, sobald sie sich bereit dazu fühlt. Persönlich glaube ich, sie ist es längst, aber sie hat sich ihre eigenen Ziele gesteckt, und das respektiere ich.

Den ganzen Schultag lang kribbelt es in mir. Heute Abend bin ich zu der Einheit mit Alice verabredet, und Minnie sehe ich dann morgen beim Lauftreff wieder. Wir haben bereits beschlossen, die Runde wieder gemeinsam zu absolvieren. Sie hat mich bei WhatsApp hinzugefügt, damit wir auch in Zukunft abstimmen können, an welchen Abenden wir uns an die Gruppe hängen. Allerdings hatte ich angenommen, dass wir in der Schule nicht miteinander reden würden, daher erwischt es mich kalt, als sie jetzt in der Mittagspause bewusst auf mich zusteuert.

»Bist du auf dem Weg in die Mensa, Lena?«, fragt sie, vor aller Augen.

»Jaaa.«

»Cool. Darf ich mitkommen? Ich bin am Verhungern.«

Und das entspricht der Wahrheit. Sie holt sich ein Sandwich, Chips, Obst, einen Joghurt und einen Schokoriegel. In diesem Moment ist mir klar, dass wir echte Freundinnen werden.

Ich lade Tasha und Nikki ein, uns ebenfalls zu begleiten – mit einem Blick, der ihnen vermitteln soll: »Na los, traut euch, lasst sie sitzen.« Aber beide entscheiden sich dagegen. Ich gehe mit Minnie davon und höre, wie sie in ihre Reiswaffeln kichern.

»Danke«, spreche ich meinen Gedanken unwillkürlich laut aus.

»Wofür?«, fragt Minnie.

Ich lache bloß, und sie fällt mit ein. Alice eilt mit Jacob Porter an uns vorbei, und ich lächele und winke ihr kurz zu. Alice gibt eine alberne kleine Showeinlage zum Besten, indem sie wie angewurzelt stehen bleibt, sich auffällig umschaut, mir dann völlig übertrieben zuzwinkert und – »Pssst!« – einen

Finger an die Lippen legt. Dann gackert sie los und winkt wie eine Moderatorin im Kinderkanal, ehe sie laut »BIS SPÄTER, LENA!« brüllt.

Sebastian treffe ich in unserem gemeinsamen Kurs nach dem Mittagessen. Er hat diese erfrischend direkte Art an sich.

»Also, Lena: Wie längst offenkundig sein sollte, würde ich dich gern fragen, ob du nächste Woche gemeinsam mit mir zum Ball gehen möchtest.«

Damit habe ich nicht gerechnet. Ich mag Seb. Mehr als jeden anderen Jungen, so viel steht fest. Aber für mich fühlt es sich nicht *so* an. Ich genieße seine Gesellschaft. Ich möchte mit ihm befreundet sein. Richtig befreundet. Allerdings glaube ich nicht, dass aus uns noch mehr werden könnte.

»Aber ebenso offenkundig wirst du das nicht tun, weil wir gute Freunde sind.«

»Exakt«, meint er schmunzelnd. Und wirkt zum allerersten Mal ein wenig schüchtern.

Er wechselt das Thema, und ich betrachte seine Ohren. Sein Kinn. Seine grauen Augen. Er hat ein hübsches Gesicht. Wäre ich an irgendeinem Jungen interessiert, dann vermutlich an ihm. Eines Tages vielleicht? Es ist schön, zu wissen, dass er mich mag. Doch noch während ich die Wärme dieser Erkenntnis einsinken lasse, realisiere ich, dass er niemals etwas für Aimee empfunden hat. Und trotz allem tut sie mir deshalb ein bisschen leid.

Als ich nach der letzten Stunde am Sekretariat vorbeikomme, greife ich wie ferngesteuert nach einem Bewerbungsformular für den Sommeraustausch nach Paris. Ich werde es auf dem Heimweg einfach unter Minnies Haustür hindurchschieben. Und ihr so ein wenig unter die Arme greifen. Weil sie es verdient und andernfalls womöglich nicht den Mumm aufbringt, diesen Traum aus eigener Kraft zu verwirklichen. Weil es nett ist, jemanden auf seiner Seite zu haben. Weil Aimee so etwas nie für mich tun würde. Weil Alice es ganz gewiss tun würde.

Wieso bloß habe ich das untrügliche Gefühl, dass wir eines Tages alle T-Shirts mit der Aufschrift »BE MORE ALICE« tragen werden …?

Minnie Michaels

… aber zuerst: Kaffee!

Als ich die Haustür öffne, verklemmt sich die Post unter der Tür. Ein Zettel schiebt sich krumpelnd zusammen, während die Tür aufschwingt – ich hoffe wirklich, dass es sich dabei um nichts Wichtiges handelt. Bis ich im Flur stehe und das Papier befreit habe, sieht es reichlich zerrupft aus, und dann hadere ich plötzlich mit mir, ob ich es überhaupt wieder glätten möchte, da ich mit einem Mal ahne, was draufsteht …

Eine Chance, mich hinaus in die Welt zu wagen, ganz allein? Ein paar Wochen, um zu atmen und neue Dinge zu erkunden? Eindrücke, Geräusche, neue Menschen und Geschmackserlebnisse? Oder vielleicht Einsamkeit. Unbehagen. Blamage. Eine gigantische Leere dort, wo Daniel Turner sein sollte. Schlimmer noch: attraktive französische Jungs, die versuchen, mich Daniel Turner vergessen zu lassen. Was, wenn ich *so ein* Mädchen bin? Dann wiederum: der Eiffelturm. Die Seine. Die Cafés am Straßenrand. Die Frauen in ihren charismatischen Klamotten. Das Vanilleeis und das Tässchen Espresso …

Ich streiche das Anmeldeformular glatt und beschließe, es mir gründlich durchzulesen. Aber zuerst: Kaffee!

[Privat]

Alice Daly-Donne

will, dass Sarah weiß: »Nicht du bist die Wahre, sondern Lena.«

Heute Abend habe ich einen weiteren Fünfundzwanzig-Minuten-Lauf vor mir, und coachen wird mich meine alte Fake-Freundin vom Fotonachmittag: Lena Singleton. Sorry, Sarah, du bist fürs Erste aufs Abstellgleis verfrachtet.

Lena hat Glück, dass ich beim Laufen nicht so mühelos plaudern kann wie sie – das gibt ihr die Chance, mir ihre Lebensgeschichte zu erzählen. Allerdings sind die Lebensgeschichten von Menschen im Teenageralter ja nie besonders lang. An manchen Stellen bohre ich nach mehr Details, aber sie ist niemand, der sich gern ausführlich in Einzelheiten ergeht. Als sie beiläufig erwähnt, dass jemand sie heute zum Ball einladen wollte, stolpere ich beinahe über meine eigenen Füße.

»Wieso erzählst du mir den ganzen anderen Kram, wenn hier eine potenzielle Romanze in der Luft liegt?!«, japse ich. Und nutze die Gelegenheit gleich dazu, anzumerken, dass Jacob Altman mich nicht nach einem Date gefragt hat.

»Na ja, ich glaube, Sebastian Edwards hat mich zwar durchaus gebeten, ihn zum Tanz zu begleiten, aber ich habe ihn gewissermaßen genötigt, die Anfrage zurückzunehmen. Damit es nicht komisch wird.«

»Mal ganz ehrlich, Lena: Jemanden zu zwingen, die Unterhaltung zurückzuspulen – das ist schon komisch. Hilflose Jungen, die sich dir zu Füßen werfen wollen, mit jedimeisterlichen Psychotricks auszuspielen. Das ist komisch. Du bist komisch. Wieso hast du das getan? Magst du ihn nicht? Außerdem werde ich Jacob Porter jetzt erzählen, dass es sehr wohl Leute gibt, die andere Leute zum Ball einladen. Du bist der Beweis. Also, noch mal: Magst du ihn – oder nicht?«

»Jaaa, ich mag ihn. Aber nur so, wie ich auch andere Menschen mag.«

»Ah ja, so, wie ich Claudia Winkleman mag. Kapiert.«

»Du stehst auf Claudia Winkleman?! Ich dachte, du magst Jacob Altman!«

»Klar mag ich Jacob, aber wenn ich an Frauen interessiert wäre, dann vielleicht an Claudia!«

»Tja, so in etwa geht es mir vermutlich mit Seb.«

»Claudia hat eine coolere Frisur als er.«

»Die beiden konkurrieren ja nicht um meine Gunst.«

»Okay, wie lange noch?«

Noch mörderische fünfzehn Minuten müssen wir laufen, daher jammere ich noch ein Weilchen über den Anderen Jacob und mühe mich, für Lena die Ballade von Caro und Jodie und den schwedischen Ant & Dec zu rezitieren, kann die Geschichte jedoch nicht zu Ende bringen, weil ich letztlich dem Atmen … den … Vorzug … geben … muss.

Die letzten vier Minuten rennen wir in tiefer, konzentrierter Stille, bis – unfassbar und, meiner persönlichen Einschätzung nach, hochgradig absurd – dieser Spanner mit der Kamera wieder auftaucht! Ich meine, mittlerweile fällt das echt unter Stalking, oder? Anders als zuletzt sehe ich heute tatsächlich eine Person, wenn auch nur als dunkle, dunkle Silhouette in dunkler, dunkler Jacke mit dunkler, dunkler Kapuze tief im Gesicht … das wiederum hinter einer Kamera verborgen ist. Aber diesmal knipst der Kerl kein Foto. Sondern wirbelt plötzlich herum und hastet davon. Wahrscheinlich scharwenzelt sein Rattenschwanz hinter ihm her. Ein wenig bin ich beleidigt, dann verwirrt: Hat er mich womöglich überhaupt nie fotografiert? Und dann ist all das plötzlich gleichgültig, denn ich leide Höllenqualen – mein Nuckelbecher ist leer und ich muss weitere drei Minuten durchhalten.

Als wir ohne Tusch und Trompeten (im Ernst, Lena, wo bleibt mein Trommelwirbel?) unseren Lauf vollendet haben, will meine Partnerin wieder an unser Gespräch anknüpfen. »Das heißt, du bist sauer auf die zwei?«

Und ich vergesse die Ratte wieder, weil mir klar wird, dass ich ganz ehrlich kein bisschen sauer auf Caro und Jodie bin.

»Nee. Ich habe dieses geschmeidige Echsen-Outfit und gehe mit Jacob Porter, was eine Riesengaudi werden wird, und ich freue mich wirklich darauf. Außerdem wirst du ebenfalls da sein, und zwar *nicht mit Sebastian Edwards*, also kannst du unser Date crashen, wenn du magst. Jacob ist sowieso schwul.«

Lena wirkt ziemlich vergnügt und beglückt darüber, dass ich sie gebeten habe, sich uns anzuschließen, und ich realisiere: Sie will tatsächlich auch im echten Leben mit mir befreundet sein. Wie süß ist das denn? In unserem Alter kommt es ja nicht mehr ständig vor, dass man neue Freundschaften eingeht. Irgendwie hat man das Gefühl, man muss sich an die Freunde halten, die man schon hat, weil sie eben von klein auf da gewesen sind, aber tatsächlich ändert sich im Verlauf der Highschool ja wahnsinnig viel. Man wird zu einem komplett anderen Menschen, will anders aussehen, und da sollte es eigentlich völlig logisch sein, dass zu diesem neuen Komplettpaket auch neue Freunde gehören. Die laufende Alice hat eine Lauffreundin – klare Sache. Und auch noch eine echte, Lena Singleton … nicht nur Podcast-Sarah. Wobei es mir, ganz ehrlich, ein klein wenig Gewissensbisse bereitet, dass ich Sarah so eiskalt abserviert habe. Wie soll sie so wissen, dass ich diesen Fünfundzwanzig-Minuten-Lauf ohne ihre Hilfe bis zum Schluss durchgehalten habe? Vielleicht höre ich den Podcast nachher beim Haareföhnen, bloß damit er in meiner Playlist nicht weiter als ungespielt gekennzeichnet ist. So was stört mich kolossal.

Erst später, als ich im Pyjama zu Hause sitze, Marmeladentoast esse und mir dabei von Sarah versichern lasse, dass ich mich großartig schlage, wird mir bewusst, wie sehr mein Laufen sich verbessert hat. Nur noch zwei Wochen, dann habe ich das komplette Programm absolviert und werde eine echte Läuferin sein, die sich dabei tatsächlich sehen lassen kann. Yes!

Minnie Michaels

kann es nicht länger vor sich herschieben …

Ich habe mich breitschlagen lassen, heute Abend zum Netballtraining zu gehen, obwohl jede Faser meines Körpers sich dagegen sträubt. Ich saß in meinem Zimmer und wollte gerade das Anmeldeformular für den Sommeraustausch durchlesen, als Captain Bella angerufen hat. Sie hat tatsächlich den Hörer in die Hand genommen, um mit mir zu sprechen, und mich so an Ort und Stelle festgenagelt: »Kommst du heute Abend zum Training?« Ich musste zustimmen.

Sophie schließt mich schnell in die Arme, als ich eintrudele – »Yay, du bist da!« –, und Captain Bella peitscht das ganze Team mit einer Motivationsrede auf, ehe wir anfangen; sie sagt, nun, da ich zurück bin, sind wir wieder auf Meisterschaftskurs für die nächste Saison. Erinnert uns daran, dass die Bezirkscoachs abermals ein Auge auf uns haben werden, und starrt mich dabei so durchdringend an, als wollte sie eigentlich sagen: »Und damit meine ich: ein Auge auf dich, Michaels!«

Wir machen ein paar Konditionsübungen und spielen dann eine Partie, und offen gestanden ist es wirklich nicht so übel, wie ich befürchtet habe. Ich fühle mich nicht unter Druck gesetzt, und meine Schulter zwickt kein einziges Mal. Gegen Ende allerdings, als das Gespräch wieder auf die nächste Saison kommt und all die Turniere und Termine, wird mir klar, dass ich keinerlei Absicht hege, für das Team aufzulaufen. Ich habe mich entschieden, und mehr gibt es dazu nicht zu sagen. In meinem Kopf und meinem Körper gehört Netball bereits der Vergangenheit an.

»Es fühlt sich einfach nicht richtig an.«

»Aber ich verstehe nicht, was anders ist als früher! Deine Schulter ist wieder in Ordnung. Du hast heute Abend fantastisch gespielt. Wie immer!« Captain Bella will sich mit meiner Absage nicht abfinden.

»Ich habe schlicht beschlossen, dass ich nicht mehr spielen möchte. Und nichts, was du tust, wird daran etwas ändern können. Es tut mir leid, Bella.«

Bella ist völlig überrumpelt und sprachlos, aber zugleich ein vernünftiger Mensch, und sie begreift, dass es gleichgültig ist, ob sie mich anschreit oder mich weiter bekniet – jetzt und in diesem Moment hat sie keine Chance, mich umzustimmen.

»Darüber unterhalten wir uns später noch mal«, sagt sie streng.

»Okay«, willige ich ein. Und frage mich insgeheim, ob es

wohl irgendetwas auf dieser Welt gibt, das meinen Entschluss ins Wanken bringen könnte. Wache ich womöglich tatsächlich eines Tages auf und empfinde völlig anders? Im Moment bin ich mir meiner Sache sicher, aber hätte jemand mich vor drei Monaten gefragt, ob ich Netball auf Bezirksebene spielen möchte, hätte ich das ebenso felsenfest bejaht. Teenagern ist im Hinblick auf gewichtige Aussagen nicht zu trauen. Wir sollten einfach komplett damit aufhören, sie zu tätigen.

Daniel wartet mit einem KitKat auf mich. »Gutes Training?«, fragt er. Anstelle einer Antwort drücke ich ihm einen Kuss auf die Lippen.

»Das war dein letztes, oder?«

Ich halte inne, mit dem KitKat auf halbem Weg zum Mund, und schaue ihn groß an. »Woher weißt du das?«

»Weil du nicht aus der Halle gehüpft gekommen bist. Weil du dich vorab nicht riesig auf das Training gefreut hast. Weil du schon hier stehst, statt noch mit den anderen Mädels in der Kabine zu quatschen. Abends schreibst du ihnen nicht mehr. Du hast mit diesem Kapitel abgeschlossen.«

»Glaubst du, das ist ein Fehler?«

»Nee, Babe. Zu bleiben, wenn es sich nicht richtig anfühlt, wäre falsch.« Er legt mir einen Arm um die Schultern, und wir machen uns auf den Heimweg. Wieso sollte ich je in einem anderen Land sein wollen als Daniel Turner?

»Hey, mein Boy?«

»Ja, mein Girl?«

»Ich liebe dich.«

Lena Singleton

hat das nicht kommen sehen.

Alice will die achte Woche des Trainingsplans aus der App vor dem Ball am Freitag abgeschlossen haben, also zwängen wir die anstehenden Einheiten in die erste Wochenhälfte und ich verpasse die Treffen des Laufclubs. Minnie hatte ohnehin keine Zeit. Ich schlage Alice vor, ebenfalls dem Club beizutreten, doch sie lässt sich auf nichts festnageln. Jedenfalls nicht, ehe sie ihr Programm vollendet hat. Immerzu verwendet sie den Begriff »Läuferin«, als handelte es sich dabei um eine Art Ehrentitel, den sie sich erst noch verdienen muss. Obwohl sie buchstäblich in dieser Minute aktiv läuft.

Wie nähern uns dem Ende unseres zweiten Achtundzwanzig-Minuten-Laufs der Woche, aber Alice tut sich schwer. Sie atmet laut und schnaufend. Keine Luft für Geplauder. Diesmal war die Einheit zäh und anstrengend für sie. Ich versuche, sie aufzubauen, indem ich ihr versichere, dass wir alle schon schlechte Tage gehabt haben. Dass das nichts zu sagen hat. Dass es eine einmalige Sache ist, nur heute. Sie blitzt mich bloß böse an und keucht lauter. Stampft den Asphalt entlang. Verliert ihre Körperspannung, lässt die Sohlen mit wütender Entschlossenheit aufklatschen.

»Immerhin rennst du noch!«, erinnere ich sie. Dabei zerbreche ich mir den Kopf, was mein Dad sagen würde. Sie wird langsamer.

»Ich. Hasse. Das!«, japst sie, und ich bekomme Sorge, dass ich sie verliere. Wir sind so nah dran. Ich schiele auf meine Uhr – nur noch zwei Minuten. Ich habe keine Ahnung, ob es ihr helfen oder endgültig den Rest geben würde, wenn ich das erwähne. Wie geht Dad mit solchen Situationen um? Am liebsten würde ich sie aufhören lassen – aber das kann ich einfach nicht!

»Du machst das so großartig, Alice. Du bist toll. Schau nur, wie weit du in gerade einmal acht Wochen gekommen bist. Weißt du noch, wie hart es sich zu Anfang angefühlt hat?«

»Genau. So. Fühlt. Es. Sich. Jetzt. Auch. An!«

Verdammt.

»Wir können jetzt nicht aufgeben, Alice. Falls du das tust, musst du die komplette Einheit wiederholen.«

»RATTE!!!!«, ruft sie plötzlich. »RATTE! RATTE! RATTE!«

»Ist das so was wie ein Mantra?«, frage ich. Sollte ich mitschreien?

»Diese Ratte! Er macht Fotos von uns!« Sie deutet wild in die Dunkelheit, und ich überlege, ob sie halluziniert, aber dann erkenne ich, worauf sie zeigt. In der Ferne, in der Finsternis, steht jemand mit einer Kamera.

»LAUF!«, brüllt Alice und mobilisiert schlagartig alle Reserven. Sie biegt vom Weg ab und prescht über die Wiese, auf die Gestalt zu. Sie wirft sich nach vorn, und ich bin so überrumpelt, dass ich sie mit einem schnellen Sprint erst einmal einholen muss. Wie eine Besessene wirkt sie.

»Was geht hier vor?«, frage ich, sobald ich wieder neben ihr bin.

»Der Kerl knipst uns!«, schnaubt sie.

»Aber wieso?«, hake ich nach.

»Keine Ahnung! Lass es … uns … herausfinden!«, bringt sie gerade so hervor, ehe sie ruckartig die Fersen in den Boden gräbt, auf die Knie fällt und tiefe, heiße Atemzüge pustet. Sie hat sich mit diesem rasanten Spurt übernommen.

»Alice, alles okay mit dir?«

»Fang. Ihn!«, röchelt sie und lässt sich im feuchten Gras auf den Rücken kippen.

Ich werfe einen prüfenden Blick auf meine Uhr. Achtundzwanzig Minuten und acht Sekunden.

»Alice, du hast es geschafft.«

Sie ringt sich ein Lächeln ab. »Klar. Doch«, sagt sie. »Jetzt. RENN!«

Und das tue ich. Ich starte durch wie ein Feuerwerkskörper. Flitze im Zickzack durch das Gras und erhasche dabei den Durchgang zu den Häusern jenseits der Wiese. Dort muss der Typ entwischt sein. Ich rase weiter, springe auf die Straße und erwarte, mein Zielobjekt klarer in den Blick zu bekommen – doch stattdessen pralle ich geradewegs in Minnie und Daniel Turner.

Die Anwesen hier sind alt und nobel. Sie umstehen das Ende einer breiten Sackgasse und reihen sich fort entlang der Allee, die in die Stichstraße mündet. Sofern der Spanner in keiner dieser Villen lebt, muss er noch irgendwo hier sein.

Ich packe Minnies Arm, zerre sie mit und erkläre ihr im Laufen die Situation. Daniel joggt neben uns her.

»Du gehst nach links und ich gehe nach rechts, und wer immer ihn zuerst schnappt, hält ihn fest, bis die andere da ist.«

Minnie schaut zweifelnd; Daniel ist begeistert.

»Kapiert!«, ruft er, beschleunigt seine Schritte und zieht Minnie hinter sich her.

Minnie Michaels und Daniel Turner

sind auf einer Mission: Spannerjagd.

Daniel ist Feuer und Flamme. Wir rennen um die Häuser, spähen in Einfahrten und an Zäunen entlang, raunen uns »Die Luft ist rein!« und »Roger!« zu.

Falls sich hier tatsächlich ein Widerling mit einer Kamera versteckt hält, kann ihm unmöglich entgangen sein, dass wir ihn suchen. Und dass wir kaum eine echte Bedrohung darstellen. Ich weiß nicht einmal recht, was wir tun würden, sollten wir ihn sehen. Ihn jagen – und dann? Zu Boden rempeln und festhalten? Die Polizei verständigen? Ist es strafbar, Fotos von Fremden zu machen? Hoffentlich hat Daniel für diesen Fall einen Plan.

»Hast du jemanden entdeckt?«, rufe ich und hoffe insgeheim, dass er verneint.

»Nicht mal ein Vögelchen.«

Puh. »Vielleicht sollten wir einfach zurücklaufen und Alice suchen. Was, wenn sie den Kerl inzwischen aufgestöbert hat?«

»Wenn Alice ihn erwischt hat, ist er derjenige, der unsere Hilfe braucht.«

Wir umrunden eilig die Häuserreihe und streben wieder der Mitte der Sackgasse zu, um Lena einzusammeln und dann Alice zu holen. Wer auch immer die Fotos gemacht hat: Gut möglich, dass er längst durch die Allee geflohen und über alle Berge ist.

Allerdings … nein, das ist er nicht. Er steht genau hier. Vertieft in eine Unterhaltung mit Lena. Und wir kennen ihn.

[Privat]

Alice Daly-Donne

ist jetzt quasi eine Berühmtheit.

Ich jogge auf der Stelle, als Lena wieder bei mir eintrifft. Allem Anschein nach hat sie unterwegs eine Freundin aufgegabelt. »Ich ERFRIERE! Hast du ihn geschnappt? Hast du was zu essen? Hi, Minnie. Damit ist die Gang wieder komplett – nennt eine Käsesorte! Im Ernst: Ich bin froh, dass es dir nach deinem Unfall wieder gut geht. Soll ich dir was verraten? Ich habe dich damals im Krankenwagen gesehen, echt wahr. Kann ich mir deine Jacke borgen?«

»Oh – ja, klar!« Sie reicht mir ihre übergroße Fleecejacke (die mir gerade so passt) und meint, sie wisse, wie es sich anfühlt, wenn Schweiß auf der Haut abkühlt und einen frösteln lässt. Ich überlege, ob ich mich dafür entschuldigen sollte, dass ich ihre Jacke jetzt mit kaltem Schweiß besudele, aber sie rät mir bloß, einen Blick in die Taschen zu werfen, und voller Begeisterung ziehe ich eine Rolle Smarties hervor.

»Eine von uns! Eine von uns!«, trällere ich in Lenas Richtung, deute dabei mit der Rolle auf Minnie und schüttele die Schokolinsen im Takt wie ein Tamburin.

Minnie lacht, aber so, wie man über einen Clown lacht, den man insgeheim gruselig findet.

»Also: Hast du ihn erwischt?«, wende ich mich erneut an Lena. Ich habe keine Ahnung, inwieweit Minnie im Bilde ist.

»Nein«, antwortet Minnie, ehe Lena Gelegenheit hat, den Mund aufzumachen. »Nirgends eine Spur von ihm.«

Listige Ratte. Wohin bist du verschwunden?

»Hast du Angst?«, fragt Minnie mich aufrichtig besorgt.

»Nur davor, dass der Typ – wer auch immer er sein mag – die Bilder auf Instagram postet!«, antworte ich. »Das Laufen ist unser Geheimnis, nicht wahr, Lena? Und jetzt auch deins, Minnie Michaels. Erzähl niemandem davon. Und überhaupt: Was treibst du hier?«

Lena erklärt, wie sie bei ihrer Verfolgung der Ratte in Minnie gestolpert ist und wie Minnie sich heldenhaft der Suche angeschlossen hat, auch wenn das Zielobjekt leider nicht aufzuspüren war.

Na schön.

»ABER wir müssen feiern, dass du deine Einheit heute Abend mit Bravour abgeschlossen hast!«, betont Lena.

Ach ja! Das müssen wir unbedingt, weil es ein absoluter Gewaltlauf war und ich mich somit quasi als Inbegriff von Stärke und Entschlossenheit bewiesen habe, indem ich nicht daran gescheitert bin.

Lena weiht Minnie ein, dass ich »einen dieser Läufe, bei denen man einfach total an seine Grenzen kommt«, hatte, und wundersamerweise wirkt Minnie tatsächlich, als kenne sie dieses Gefühl – und nicht etwa, als hätte Lena es bloß erfunden, um mich zu trösten. Ich frage mich, ob ich ihr anvertrauen sollte, dass ich vor jedem Lauf in Gedanken kurz mit ihr spreche, beinahe wie eine Art weltliches Stoßgebet, entscheide dann aber, dass das beängstigend klingt.

»Oh Gott, jaaa, das erleben wir alle. Es fällt so unendlich schwer, dann weiterzulaufen. Gut gemacht, du!«, sagt Minnie und schiebt dann diesen Knaller hinterher: »Ich wohne gleich da drüben. Sollen wir bei mir feiern, mit Toast und heißer Schokolade?«

Lena Singleton

ist unschlüssig, ob Trainingshosen ausgehtauglich sein können.

Wir schlendern hinüber zu Minnies Haus, lachend und plaudernd, genau wie die Mädchen auf den Fotos. Wie echte Freundinnen. Minnie bekommt ein paar Textnachrichten und bedeutet mir stumm, dass sie von Daniel stammen und sie mir alles später erklärt. Sie reckt heimlich die Daumen nach oben und lächelt mir kaum merklich zu. Was auch immer er gedeichselt hat – alles ist gut. Und wir haben ein kleines Geheimnis.

Alice bewundert Minnies Turnschuhe, vollführt dann einen für uns nicht wirklich nachvollziehbaren Gedankensprung und fragt mich völlig unvermittelt: »Was ziehst du eigentlich zum Ball an?«

Ich habe mich noch immer nicht entschieden. Mit Aimee bin ich nicht shoppen gewesen, weil sich diese geplanten Tage letztlich nie ergeben haben. Eine große Schwester, von der ich mir etwas leihen könnte, habe ich nicht und ebenso wenig die Zeit, online etwas zu bestellen. Ich ärgere mich über mich selbst, dass ich das alles nicht richtig durchdacht habe. Was habe ich mir denn vorgestellt – dass ich am Ballabend einfach irgendetwas aus meinem Kleiderschrank greife, dessen Inhalt hauptsächlich aus Trainingshosen und Hoodies besteht, und damit auf magische Weise perfekt ausstaffiert bin?

Ich schätze, Nikki oder Tasha um Hilfe zu bitten, scheidet aus – sie sind noch immer Team Aimee.

Kurz überlege ich, Alice zu fragen, ob ich zu ihr kommen und mir etwas borgen darf, aber mal ehrlich: Sie ist mindestens dreißig Zentimeter größer als ich. Nichts von dem, was sie besitzt, wird mir passen.

»Ich ... weiß es nicht«, murmele ich. Dämlich. Hilflos. Und ohne jegliches Zögern antwortet Minnie: »Wenn du magst, kannst du gern bei mir stöbern und schauen, ob dir etwas gefällt. Ich habe jede Menge Abendkleidung, von etlichen Hochzeiten meiner Cousins und Cousinen und den Veranstaltungen, bei denen ich mit dem Netballteam war. Wir finden bestimmt etwas für dich.«

Ich spüre, wie mir peinlich berührt die Röte ins Gesicht schießt und ich kurz davor bin, mit einer Ausflucht wie »Nein, nein, alles bestens, ich habe sicher selbst irgendetwas im Schrank« herauszuplatzen, doch stattdessen beschließe ich, einfach die Klappe zu halten und ihre Hilfe anzunehmen. Die Tatsache anzunehmen, dass Minnie Michaels mir helfen möchte. Anzunehmen, dass sie meine Freundin ist.

Alice hat riesigen Spaß daran, Minnies Kleiderschrank zu durchforsten. Sie lacht über Minnies zierliche Klamotten und probiert ein paar Teile an, mit denen sie dann durch das Zimmer stolpert und tut, als wäre sie Hulk, weil Minnies Sachen an ihr tatsächlich ausschauen, als würde Alice gleich alle Nähte sprengen. Wir trinken heiße Schokolade, und Minnies Mum serviert uns Toasts mit Erdnussbutter. Sie wirkt richtig glücklich darüber, dass Minnie Freundinnen mit nach Hause gebracht hat.

»Ich wünschte, wir hätten dieselbe Schuhgröße!«, stöhnt Alice. »Ich schaffe es nicht, meine Kanalboote in deine Elfenschühchen zu zwängen, und muss deshalb wohl oder übel praktisch meine Schulschuhe zum Ball anziehen.«

»Alice, du wirst großartig aussehen, ganz egal, was du an den Füßen trägst«, beruhigt Minnie sie. Und ich merke, dass sie es ehrlich meint.

Alice und Minnie ziehen einige Kleider für mich hervor. Hübsch sind sie, offen gestanden, alle. Ich wäre mit jedem davon zufrieden. Alles in dieser Art fühlt sich wirklich besonders an, wenn man für gewöhnlich in Trainingsklamotten lebt.

»Ich glaube, ich habs!«, ruft Minnie und hält mir ein schlichtes, petrolfarbenes Kleid aus Stretchstoff entgegen. Es fühlt sich ganz weich an, beinahe wie Funktionskleidung. Schmal und figurbetont geschnitten, und als einzige Verzierung verläuft entlang der Seiten ein silberner Streifen. Ich liebe es.

Sie kramt ein Paar passender silbriger Schuhe hervor – natürlich haben wir dieselbe Größe – und sogar eine kleine Tasche für Handy und Lipgloss. »Du siehst umwerfend darin aus, Lena!« Ich bin zu verlegen, um mich zu bedanken.

»Sollte ich meine Haare hochstecken oder offen lassen?«, frage ich.

»Offen, definitiv. Gib diesen fantastischen Locken Spielraum! Ich bin schon immer so neidisch auf deine Haare.«

Minnie Michaels beneidet mich …

»Und was ziehst du an, Minnie?«, erkundigt sich Alice.

»Überraschung!«, erwidert Minnie. Sie ziert sich, als hätte sie ein richtig gutes Geheimnis.

»Na schön«, meint Alice, zwängt sich in eines von Minnies elastischen Sportoutfits und bewundert sich selbst im Spiegel.

»Ich bin gespannt!«, sage ich. Und meine es auch so.

Wir schlüpfen alle wieder in unsere eigenen Klamotten und Minnie bringt uns köstliche Milchkaffees, die nach Nutella schmecken, und kleine französische Küchlein. Sie wirkt manchmal unheimlich kultiviert. Wir gehen zurück in ihr Zimmer, machen es uns gemütlich und plaudern über das Laufen und die Schule und lassen im Hintergrund irgendeine dämliche Reality-Show laufen, ohne eigentlich auf die Handlung zu achten.

Auf Minnies Schreibtisch liegt eins dieser Schul-Lesezeichen, und Alice greift danach und wedelt damit vor unseren Gesichtern herum. »Guckt euch das an! Auf der einen Seite ihr zwei, wie ihr um euer Leben rennt, und dann ich, die Streberkönigin … auf der anderen Seite!!!«

»Der Fotograf wusste nicht, dass du eine doppelte Bedrohung bist!«, meine ich lächelnd.

»Ha! War ich aber gar nicht ... damals!« Plötzlich kichert Alice los wie eine Hyäne. »Mir war überhaupt nicht bewusst, dass diese zwei Fotos auf demselben Lesezeichen gelandet sind.«

»Oh, ich hasse die bescheuerten Bilder allesamt«, sagt Minnie und schiebt das Lesezeichen von ihrem Schreibtisch direkt in den Papierkorb. »Mögt ihr Nudeln? Ich habe ein bisschen Hunger!« Das Mädel kann essen!

Letztlich bleiben wir stundenlang. Minnie legt einen Film ein, »bloß als Geräuschkulisse, während wir uns unterhalten« – das gefällt mir. Kein Druck, unbedingt etwas sagen zu müssen, und ebenso wenig, zwingend hinzuschauen. Der Film ist ohnehin auf Französisch, also können wir die Handlung mit einem Auge im Blick behalten und dabei trotzdem weiterquatschen. Ich habe noch nie zuvor einen Film mit Untertiteln angesehen. Minnie liebt ihn, das ist offenkundig. Alice liest die Worte laut und mit übertriebenem französischem Akzent vor. Hin und wieder seufzt Minnie »Wirkt Frankreich nicht himmlisch?« oder »Ist sie nicht wunderhübsch?« und »Ihr Outfit ist ein Traum« oder »Das schaut köstlich aus«, obwohl die Protagonistin bloß einen Kaffee trinkt.

»Du stehst echt auf Frankreich, hmm?«, stellt Alice fest.

Mit einem Mal wirkt Minnie ein wenig verlegen. »Ähm, erst neuerdings ... aber – ja.« Ihre Augen huschen flink hinüber zu ihrem Schreibtisch.

»Neue Dinge sind gut«, befindet Alice.

Minnie entspannt sich merklich. »Jaaa, neue Dinge sind großartig. Aber irgendwie hat die Sache mit Frankreich auch etwas Schicksalhaftes. Ich meine, meinen Namen verdanke ich einer französischen Katze.«

Den Rest des Abends verbringt Alice damit, Minnies Haar zu streicheln und dabei immer wieder »Oh, là, là, ma petite chatte« zu schnurren.

Ehe ich gehe, erspähe ich das Anmeldeformular für den Frankreichaustausch auf der Tischplatte. Es ist noch leer.

Später am Abend richtet Alice eine WhatsApp-Gruppe für uns drei ein und schickt uns GIFs von Katzen und Fotos von typisch französischen Dingen wie Baguettes und Baskenmützen.

Ich antworte mit einer Nachricht, in der ich mich bedanke – dafür, dass Minnie mich mit Madeleines und französischen Filmen vertraut gemacht hat, und vor allem für das Kleid. Ich fiebere dem Abend, an dem ich es tragen werde, schon wirklich entgegen.

Minnie schreibt sofort zurück: »Sehr, sehr gern geschehen!« Und schiebt ein Katzen-Emoji hinterher.

Ich kontere mit einem Croissant und schicke ihr dann eine weitere Nachricht, diesmal privat.

»Du musst dieses Formular ausfüllen.«

Keine Reaktion.

[Privat]

Alice Daly-Donne und Sarah

ziehen das so was von durch!

Der Ball ist morgen Abend, und ich habe mir in den Kopf gesetzt, vorher die achte Woche des Programms zu vollenden. Was bedeutet, dass ich heute noch einen Achtundzwanzig-Minuten-Lauf in meinen Tagesplan quetschen muss. Gerade mache ich mich zum Laufen fertig, als meine Lieblingstante Juliet, diese lästige Nervensäge, zu einem Überraschungsbesuch aufkreuzt.

»Hallo, meine Schöne!«, ruft sie, kaum dass ich die Tür geöffnet habe. Mist.

»Wow, Juliet, was für eine nette Überraschung!«

»Das habe ich mir doch gedacht!«, sagt sie und drängt sich mit einer unförmigen Tasche in der Hand an mir vorbei. »Und es wird noch besser …«

»Erzähl!« Erzähl, Juliet, und beeil dich damit, und dann sei so lieb und verdufte wieder …

»Ich habe ein Geschenk für dich, weil ich die beste Tante der Welt bin.«

»Jippie, ich liebe Geschenke. Etwa einen dieser Freundschaftsgutscheine, auf denen steht, dass ich dir eine dreistündige Foto-Session schulde, damit du endlich dein perfektes Profilfoto bekommst? Den hast du nämlich letzte Woche schon vorab eingelöst.«

»Ha, freches Luder. Nein, es ist ein echtes Geschenk, das du lieben wirst, und eigentlich sollte ich es für Weihnachten aufsparen, weil es so genial ist. Allerdings könntest du es morgen brauchen …«

Ich betrachte die Tasche in ihrer Hand eingehender: eine wiederverwendbare von Tesco, die keinerlei Hinweise auf den Inhalt liefert.

»Ist es … eine Riesentüte Knabberzeug?«

»Nein, aber falls ihr so was im Haus habt, nehme ich gern auch davon, vielen Dank.«

»Himmel, Juliet, kannst du bitte mal herausrücken mit der Sprache? Ich sterbe hier sonst vor Neugier.«

Sie öffnet die Tasche, und sofort fällt mein Blick auf den verräterischen roten Schuhkarton.

»YEE-HAW«, quietsche ich, springe ihr an den Hals und küsse sie über beide Wangen. »Ist das, was ich denke, dass es ist? Wehe, wenn nicht – dann will ich diese Küsse zurück!«

In dem Karton liegen die wunderschönen goldenen Laufschuhe. In meiner Größe.

»Das ist zu viel! Aber danke, danke, danke ... ich bin soooooooo glücklich – ich liiiiiieeeeebe sie – ich liebe dich – aber die Schuhe liebe ich mehr!!!«

»Tja, wie du zuletzt korrekt bemerkt hast, waren meine quasi ungetragen, und ich habe einen Bekannten, der in dem Laden arbeitet – er hat sich bereit erklärt, sie gegen eine andere Größe umzutauschen. Ich schätze, ich hatte ohnehin bereits genügend Sneakers.«

Oh mein Gott, diese Schuhe sind das Sahnehäubchen zu meinem Echsenkönigin-Kostüm. Ein i-Tüpfelchen für meine Füße. Ich bin so aus dem Häuschen, dass ich sie auf der Stelle anziehe und in mein Outfit schlüpfe, um Juliet den kompletten Look vorzuführen.

»Der Hammer, Babe. Soll ich morgen Abend vorbeikommen und dir die Haare machen?«

»Yes, du Großartige!«

»Alles klar. Jetzt muss ich aber los. Ich bin auf dem Weg ins Fitnessstudio.«

Ich springe die Treppe hinauf, um mein Balloutfit gegen meine Sportklamotten zu tauschen. Heute Abend werde ich fliegen, das weiß ich einfach. Anstelle meiner hinreißenden Neuzugänge schnüre ich Mums schäbige alte Treter. Darin hat sie mich inzwischen schon mehrmals gesehen, daher schätze ich, wir haben eine stillschweigende Vereinbarung getroffen: Solange ich nicht erwähne, dass sie schon seit drei Monaten nicht mehr beim Zumba war, kann ich ihre Turnschuhe behalten.

Ich schalte Sarah ein, ehe ich überhaupt das Haus verlasse, und platze dann aus der Tür, falle geradewegs in einen lockeren Trab.

Ich schmunzele in der kühlen Nachtluft vor mich hin, denke daran, wie fantastisch ich morgen Abend ausschauen werde und wie alles sich fügt. Lächelnd renne ich an einem vertrauten Auto vorbei, und eine höchst verwirrte Tante Juliet staunt mir vom Fahrersitz aus hinterher.

Sie ist noch nicht abgefahren.

Verflixt.

Was mache ich jetzt? Weiterlaufen? Oder umdrehen und mich erklären?

Ich beschließe, mir ein Beispiel an Dorie zu nehmen: einfach schwimmen. Einfach rennen. Ich renne einfach weiter.

Ich renne achtundzwanzig Minuten lang, ohne Pause, und als Sarah die letzten zehn Sekunden herunterzählt, lege ich noch einen Zahn zu, bloß weil ich es kann. Niemand lauert mir in den Büschen auf, um Fotos zu knipsen. Der Lauf von gestern Abend ist in den Staub getreten und vergessen. Frische, klare Nachtluft streicht um mein Gesicht. Ich bin müde und glücklich und warm, und meine Beine schmerzen ein bisschen, und ich liebe es. Ich habe Woche acht bezwungen, und morgen Abend darf ich feiern!

TEIL 5

HÖHENFLUG

Minnie Michaels

probiert etwas Neues aus …

Daniel will mich in fünf Minuten zum Ball abholen, und mit einem Mal bin ich mir im Hinblick auf mein Outfit unsicher. Für mich ist es etwas gänzlich Ungewohntes. Ein komplett neuer Look, genau genommen. Und nun, da ich das gewagt habe, bin ich nervös. Was, wenn alle mich auslachen?

Mir kommt dieses Mädchen – Aimee – in den Sinn, von dem Lena mir erzählt hat. Sie wird vielleicht lachen. Aber Captain Bella und Sophie nicht. Lena Singleton nicht. Alice Daly-Donne nicht. Und Daniel auch nicht. Und überhaupt: Was kümmert mich Aimee?

Die Türklingel schellt. Mein Herz rutscht mir in die Kniekehlen. Oh Gott – was, wenn er doch lacht?

»Ich komme!«, rufe ich und betrachte mich ein letztes Mal prüfend im Spiegel. Angefangen bei den spitz zulaufenden Stilettos. Sie sind zuckerperlenpink und lugen ganz knapp unter meinen weiten schwarzen Hosen hervor, dunkel und schwer, mit einem Satinstreifen an jeder Seite – perfekt abgestimmt auf Kragen und Knöpfe meines kurzen Smoking-Blazers, unter dem ich ein blassrosa Top trage. Meine Haare habe ich zum üblichen Pferdeschwanz zurückgebunden, allerdings eine Tolle über der Stirn toupiert, und dank eines Make-up-Tutorials aus dem Internet sind meine Wangen hübsch rosig gepudert und meine Augen ziert pudriger pinkfarbener Lidschatten zu dichten, vollen Naturwimpern. Ich habe dunklen, beerenroten Lippenstift aufgelegt und sogar meine Augenbrauen ein wenig mit dunklem Puder betont, genau wie in dem Video empfohlen.

Ich trete einen Meter zurück und befinde, dass ich womöglich noch nie besser ausgesehen habe. Allerdings wird der Look nur funktionieren, wenn ich ihn selbstbewusst präsentiere. Ich hebe das Kinn und rufe: »Bist du bereit hierfür?« – und zur Antwort vernehme ich seine Stimme, ehrlich und ernst:

»Ich kann es kaum erwarten!«

Ich eile in den Flur hinaus und dann vorsichtig die Treppen hinunter, sorgsam darauf bedacht, nicht über meine weiten Hosenbeine zu stolpern.

Daniel klappt ungelogen der Mund auf. Er erfasst mich, vom Scheitel bis zur Sohle, und als ich kaum noch ein paar Schritte von ihm entfernt bin, bricht sich auf seinem Gesicht das breiteste Lächeln Bahn. Kein Gesicht auf der ganzen Welt könnte ich lieber haben.

»Wow«, sagt er schließlich. Er fährt mir mit beiden Händen über die Arme, als wollte er mich warm rubbeln. Als hätte ich soeben ein Rennen hinter mich gebracht und er wäre stolz auf mich. »Einfach nur … wow!«

Meine Gedanken wandern zu dem Anmeldeformular für Paris. Ich habe begonnen, es auszufüllen. In diesem Moment fühlt sich das wie Verrat an.

Lena Singleton

ist bereit für die Paaaarrrrty!

Alice’ Mum fährt vor, um mich abzuholen. Auf dem Beifahrersitz erspähe ich bereits Jacob Porter, also quetsche ich mich auf die Rückbank zwischen Alice und ihre kleine Schwester Clara, die in ihren Kindersitz geschnallt ist.

»Wow, Alice, deine Freundin hat ein viel schöneres Outfit als du.«

»Lena, das ist Clara. Clara, sprich nicht mit Lena.«

»Hast du ihre Schuhe gesehen? Wie Prinzessinnenschuhe – ganz in Silber! Viel besser für einen Ball als Turnschuhe.«

»Schweigezeit, Clara!«

Die Veranstaltung findet in unserer Schule statt – nur der Ball der Schulabgänger wird in einem protzigen Hotel abgehalten. Aber die Aula ist hübsch herausgeputzt, und eine richtige Band spielt für uns. Alice schaut umwerfend aus in ihrem grünen Jumpsuit und den goldenen Turnschuhen. Jacob Porter trägt einen dunklen Anzug mit Blumenstickerei, der wirklich gut zu ihm passt. Auch ich fühle mich rundum wohl in Minnies Kleid, und sogar die Schuhe sind bequem … noch.

Wir betreten die Aula, und jemand ruft meinen Namen.

»Hey, Lena, willst du uns nicht mal begrüßen?«

»Ich bin gleich wieder bei euch«, sage ich zu Alice und Jacob und drehe mich dann zu den Mädels um.

Aimee gleicht einer Puppe. Aufgebauschtes Haar, riesige Augen, knappes Kleid, zierlicher Körper. Tasha und Nikki stecken in etwas voluminöseren, dunkleren Versionen von Aimees Kleid, das aus winzigen goldenen Pailletten besteht. Beide wirken wie auf einer Trauerfeier. Vielleicht trauern sie um ihre eigenen Persönlichkeiten. Neben ihnen erinnert Aimee an ein Glas Champagner. Voller Spaß und Blubberbläschen. Wie hat sie es geschafft, die zwei zu überzeugen, als ihre persönliche Kulisse aufzutreten? Ich will es gar nicht wissen.

»Du siehst aus, als hättest du geliehene Klamotten an«, sagt Aimee. Keine Beleidigung. Lediglich eine Feststellung. Eine wahre Feststellung. Warum also schneiden ihre Worte so tief wie ein Chirurgenskalpell? Direkt ins Herz der ganzen Sache.

»Habe ich. Eine … Freundin hat sie mir geborgt.«

»Traumhaft«, flüstert Nikki. Aimee bringt sie mit einer hochgezogenen Augenbraue zum Schweigen.

»Danke, Nikki.«

»Dann sind Big Alice und Schwuchtel-Jacob also jetzt deine besten Freunde?«

Ehe ich Gelegenheit habe, zu antworten, betritt Seb mit seinen Kumpels die Aula. Aimee wirft ihr Haar zurück und drängt sich nach vorn. Stellt sich neben mich, als wären wir wieder Freundinnen.

»Hi, Seb! Schnieker Anzug!«, flötet sie. »Kommt, lasst uns tanzen!« – und sie packt meine Hand und schleift mich zur Tanzfläche. Jemand anders greift nach meiner freien Hand, und als ich mich umwende, grinst Seb mich verschmitzt an. Alle Übrigen trotten uns pflichtschuldig hinterher. Tasha kichert neben Max. Nikki wird beim Tanzen mehr oder weniger absichtlich aus unserem Kreis geschoben, und Aimee lacht ohne Anlass und rempelt Seb an. Er bemerkt sie nicht einmal, denn seine Augen suchen immerzu meinen Blick, und als ich zu ihm hinüberschiele, macht er einen demonstrativen Schritt auf mich zu.

»Hi, Lena. Du schaust sehr hübsch aus.«

»Danke. Dein Anzug steht dir auch gut.«

»Nur gut?« Ich habe keine Ahnung, was er hören will. »Können wir später tanzen – bloß wir, allein?« Wieder versucht er, meine Hand zu nehmen.

Da die Musik ziemlich laut ist, muss er rufen, und mir entgeht nicht, dass Aimee jedes seiner Worte mitbekommen hat.

Ich ziehe meine Hand zurück. »Das hier ist eine Party, Seb. Nicht *Let's Dance*!«

Er lacht. »Von mir würdest du zehn Punkte bekommen!«

»Oh mein Gott, und ich schätze, Nikki bekäme zehn von Lewis!« Wir wirbeln herum, und da tanzen sie zusammen, an Hüfte und Lippen beinahe miteinander verschmolzen.

»Ach ja, er schwärmt schon seit Ewigkeiten für sie. Glück

für ihn.« Dann ruft er zu den beiden hinüber: »Wir sind hier in der Schule, Leute – nicht so unzüchtig!« Doch die beiden scheren sich nicht darum. Ich suche nach Aimee. Voilà, der Beweis dafür, dass Lewis nie auf mich gestanden hat – und die Genugtuung für mich, dass die Einzige von uns, die heute Nacht knutschen wird, Nikki ist! Doch Aimee ist nirgends zu entdecken.

Alice Daly-Donne und Jacob Porter

wissen, dass die besten Partys in der Küche stattfinden.

Selbst, wenn es sich um Schulpartys handelt. Wir befinden uns in der Mensa, die ebenfalls balltauglich hergerichtet worden ist, mit weißen Tischläufern und großen Schleifen an den Stühlen, wie bei einer Hochzeit. Irgendwie süß. Es gibt kleine Kanapees und mit Limonade gefüllte Champagnerflöten aus Plastik. Wir stoßen an. Es ist unser viertes Glas in ungefähr vier Minuten, und ich überlege, wie lange ich meinen Abstecher zum Klo noch hinauszögern kann, als Jacob nach meiner Hand fasst und sagt: »Los, das nächste Glas trinken wir vor den Kunst-Schaukästen, als wären wir bei der Vernissage einer echten Galerie.« Warum nicht?

In den Gängen rings um die Turnhalle ist eine Ausstellung mit Schülerkunstwerken aufgebaut; dort fehlen Musik und Kanapees und folglich auch andere Leute. Jacob schlendert umher und improvisiert pseudokennerische Kommentare zum Einsatz der Farben.

»Mmm, dieses Bild spricht sofort zu mir, Schätzchen.«

Ich lasse mich auf sein Spiel ein. »Zu mir auch, Liebling. Einfach beeindruckend, diese künstlerische Inspiration, ein wenig Farbe auf Papier zu bannen. So ausdrucksstark!«

»Oh ja, und die Wahl des Papiers erst. Beinahe provokativ, findest du nicht? DIN A3 – gewiss das brisanteste Format überhaupt?« Er wackelt vielsagend mit den Augenbrauen.

»Und dieser leidenschaftliche Strich mit den Wachsmalkreiden. So bewegend!« Ich tue, als müsste ich mir vor Rührung die Augen tupfen.

»Das hier ist echt gut.«

»Liebster, das sind sie alle. Wir befinden uns in einer Kunstausstellung. Allein schon die Rahmen geben uns doch eine *Garantie* dafür, dass es sich um Kunstwerke handelt.«

»Nein, im Ernst, Alice – das hier ich *echt* gut.«

Ich eile an seine Seite und betrachte das ausgedeutete Bild.

Was zur Hölle?! Ich weiche einen Schritt zurück, um alles besser auf mich wirken lassen zu können. Wilde Bleistiftschraffierungen in einem Regenbogen aus Grautönen. Dunkle Schatten und helle Hervorhebungen. Eine dämmrige Nachtszene. Mädchen: kraftvoll, zielstrebig, stark und wunderschön. Zwei vage Silhouetten flankieren ein klar umrissenes Mädchen in der Mitte; ihr Gesicht gerät durch die Vorwärtsbewegung in den Fokus. Sie ist entschlossen, eine Läuferin auf einer Mission. Eine Läuferin, die mir bemerkenswert ähnlich sieht.

Ich spähe auf das Schild mit der Bildbeschriftung.

– *Läuferinnen* von Jacob Altman –

»Das« – ich keuche beinahe – »ist definitiv mein Lieblingswerk.«

Minnie Michaels und Daniel Turner

sind das Pärchen des Jahres!

In der Eingangshalle ist diese kleine Fotokabine aufgestellt, und wir posieren für ein paar alberne Erinnerungsbilder vom Ball. Ich kann mich nicht wirklich entspannen, und meine »lustige« Miene wirkt eher verängstigt. In meinem Smoking starren mich alle an, aber ich vermag nicht zu beurteilen, wie ihnen gefällt, was sie sehen. Mir ist übel, und ich weiß nicht, ob das meinem Outfit oder der Tatsache geschuldet ist, dass ich vielleicht eventuell möglicherweise insgeheim Pläne schmiede, den Sommer in Paris zu verbringen.

Daniel wirbelt mich immer wieder herum, um mich ein ums andere Mal zu betrachten und mir zuzuflüstern, wie cool ich heute Abend ausschaue, wie hübsch ich bin.

»So chic!«, meint er. »So französisch!«

»Wieso sagst du das?« Ich fühle mich ertappt.

»Weil du dafür doch im Moment so schwärmst – oder

nicht? Das ist total in Ordnung! Ich mag es. Haben die Franzosen nicht das Küssen erfunden?« Er zieht mich an sich heran und blickt mir tief in die Augen. »Es kostet mich größte Selbstbeherrschung, deinen neuen Lippenstift nicht zu ruinieren. Denn glaub mir, nichts würde ich lieber tun.«

Und weil ich ihn liebe, frage ich ihn einfach geradeheraus: »Findest du, ich sollte mich für das Sommeraustauschprogramm in Paris bewerben?«

»Das war jetzt nicht die Reaktion, die ich erwartet hatte, aber … klar, wieso nicht?«

Wieso nicht.

»Weil ich dann weg wäre.«

»Jaaa, aber nur für einen Monat.«

»Und das ist okay?«

Er lacht. »Ich denke, vier Wochen überlebe ich, Min. Solange wir über FaceTime Kontakt halten und du mir sexy französische Liebesschwüre zuraunst und dann zurückkommst und mir zeigst, wie echte Französinnen küssen.«

Ich schlinge beide Arme um ihn und drücke fest zu. Wie habe ich je glauben können, dass er darauf irgendwie anders reagieren könnte als in echter Daniel-Manier?

Captain Bella räuspert sich ins Mikrofon und ruft dann: »Klappe, alle miteinander, jetzt bin ich mit Reden dran!«

Sie winkt mir vom Podium aus kurz zu; sie ist heute Abend für die Verleihung der Schülertrophäen zuständig, daher steht sie nun dort oben und ruft die Preisträger auf. In erster Linie werden herausragende akademische Leistungen geehrt – der oder die Jahrgangsbeste in Mathe, der Gewinner des Kunstpreises unserer Stufe und so weiter –, aber einige Spaßkategorien sind auch dabei. Fiasko des Jahres. Selfie-Königin und Selfie-König. Daniel gewinnt einen Preis in den Naturwissenschaften und schreitet lächelnd und huldvoll winkend die Stufen zur Bühne hinauf. Er bekommt tosenden Beifall.

Captain Bella schnappt sich erneut das Mikrofon und meint: »Während du sowieso schon mal hier oben bist, Dan, können wir genauso gut gleich deine Lady zu uns rufen – denn Minnie und Daniel sind zum Pärchen des Jahres gewählt worden!«

Daniel beugt sich zum Mikrofon. »Manchmal kriegt der Nerd eben doch das Mädchen!«, ruft er, und alle lachen.

Ich eile auf die Bühne, und Bella sagt: »Darf ich bei dieser Gelegenheit zusätzlich noch erwähnen, dass Minnie in der Kategorie ›Bestes Outfit‹ gewinnen sollte, da sie heute Abend absolut umwerfend aussieht?« Und tatsächlich: Die ganze Halle applaudiert und jubelt zustimmend. Mir ist klar, dass ganz gewiss nicht *jeder* diese Meinung teilt, und ich schaue nicht in die Menge, um festzustellen, wer sich dem Beifall nicht anschließt, aber ich höre ein generelles Einverständnis, und das genügt mir. Daniel schließt mich in eine Umarmung und flüstert: »Yes, verdammt!« Wir verlassen die Bühne Händchen haltend und spenden gemeinsam den restlichen Siegern Beifall.

Bella wird als Sportlerin des Jahres ausgezeichnet und muss sich selbst die Trophäe überreichen. Sie sagt: »Ich möchte mich bei Minnie Michaels bedanken – dafür, dass sie sich dieses Jahr eine Auszeit genommen hat, sodass jemand anders diesen Preis abstauben konnte.«

Lena Singleton

findet, dass man es irgendwann lange genug versucht hat.

Ich stöbere Aimee in der Mädchentoilette auf. In Tränen aufgelöst. Aus der Nähe wirken ihre falschen Wimpern wie kleine Raupen. Ihre Tränen furchen Gräben durch das Make-up. Ich reiche ihr ein Taschentuch, und sie tupft vorsichtig um ihren Eyeliner herum.

»Ich weine nicht wegen Seb. Wenn du ihn magst, macht mir das überhaupt nichts aus.«

»Okay.«

»Magst du ihn?«

»Ich glaube nicht … nicht so.«

»Na, könntest du jedenfalls.«

»Ich weiß.«

Sie hält inne und starrt mich an. Kurz scheint meine so selbstbewusste Aussage sie zu empören, dann versinkt sie wieder in Selbstmitleid.

Aus der Halle vernehmen wir lauten Jubel. Dort werden gerade die Preise und Auszeichnungen vergeben.

Wir hören, wie Daniel Turners Name über die Lautsprecher ausgerufen wird.

»Oh Gott, dass er irgendetwas gewinnt, war ja klar, was?«

»Was für ein Problem hast du mit Daniel Turner?«

»Er ist bloß so ein Heuchler.«

»Was? Wie meinst du das?«

»Er wollte was von mir, ehe er sich in Minnie verknallt hat.«

»Oh. Okay?«

»Als er an unsere Schule gekommen ist, bin ich in Biologie neben ihn gesetzt worden, noch bevor alle durchschaut haben, was für ein gigantischer Streber er ist, und die Lehrer ihn in die Elitekurse gesteckt haben. Jedenfalls: Damals war er total scharf auf mich, hat mich ständig mit Fragen über die Schule gelöchert und so, und ich habe ihm total viel geholfen und er war so nett und lustig, und dann kriege ich auf einmal mit, dass er in Minnie Michaels verliebt ist, aber ich mochte ihn zuerst –« Sie schnappt nach Luft und bremst sich selbst. Beinahe scheint mir, der letzte Satz ist ihr unwillkürlich herausgerutscht. »Tja, also hat er mir falsche Hoffnungen gemacht, findest du nicht?«

»Oh, ähm, na ja, da bin ich mir nicht sicher. Hat er dich jemals um ein Date gebeten oder dir offen gesagt, dass er dich mag?«

»Hmm, nein, aber es war offensichtlich. Beide Male hat er sich im Unterricht ganz bewusst neben mich gesetzt.«

»Ihr hattet also nur zwei Kursstunden zusammen?«

»Na ja, schon ... wir haben uns allerdings die komplette Zeit unterhalten. Quasi zwei volle Stunden lang. Zweimal. Doppelstunden.«

Ich habe keine Ahnung, wie ich ihr das Folgende beibringen soll. Unfassbar, dass sie so lange schon deswegen Groll schiebt.

»Aimee, ich ... ich denke nicht, dass du ein Recht hast, deshalb wütend zu sein.«

Zwischen uns tut sich ein Raum auf. Ein neuer Raum, in dem ich unverblümt und direkt zu ihr bin und sie orientierungslos auszuloten versucht, wo sie steht. Ich sehe, wie sie im Kopf zwei Möglichkeiten abwägt: Sie kann sich mir entweder öffnen, die Tatsachen anerkennen und sich bemühen, darüber hinwegzukommen. Ein besserer Mensch zu werden. Oder dichtmachen. Abblocken. Den Kopf senken und damit gegen die Welt anrennen wie mit ausgestreckter Faust.

Noch ist sie nicht bereit, etwas zu ändern.

»Ich bin ja nicht mal sauer deswegen. Sei nicht so dumm. Ich meine bloß, dass er ein Heuchler ist. Seb genauso. Jungs wollen immer nur das eine. Ich habe überhaupt kein Interesse an diesen Idioten. Wenn das hier fertig ist, gehe ich zu meiner Cousine und sie schleust mich in einen echten Club ein.«

»Okay, Aimee.« Wir verlassen gemeinsam die Toilette, doch mir ist klar, dass nun der Moment kommt, an dem wir uns endgültig trennen. Mir fällt das Foto von uns beiden wieder ein, das bei mir zu Hause steht. Zwei kleine Mädchen, mit bemalten Gesichtern und einem Lächeln, wie man es nicht schauspielern kann. Aber diese Mädchen sind wir einfach nicht mehr.

Minnie und Daniel stehen zusammen neben der Bühne. Minnie schaut großartig aus in ihrem Smoking-Blazer. Sie lächelt und applaudiert ihrer Netballkapitänin.

Aimee bemerkt sie ebenfalls. »Oh mein Gott, was hat sie denn da an? Keinerlei Modebewusstsein. Und sie klammert sich an ihn, weil sie keine echten Freunde hat. Erbärmlich, oder?« Ein letzter verzweifelter Versuch, etwas zu finden, worüber wir lästern können.

»Hey, Minnie! Hier drüben!« Ich bin schon weg.

[Privat]

Alice Daly-Donne

ist keine Läuferin, sie läuft bloß.

Ich laufe. Ich muss den Anderen Jacob finden. Ich gleite an Jodie und Kevin und Caro und Marcus vorbei; wer um wen geschlungen ist, lässt sich nicht eindeutig feststellen. Ich schlängele mich durch die Menge. Ein Glück, dass ich Turnschuhe trage. Jacob Porter ist auf die Bühne gerufen worden, um seinen »Snapchat-König des Jahres«-Preis entgegenzunehmen. Offenbar postet er allmorgendlich zum Schreien komische Fotos von der Anwesenheitskontrolle, ohne dass sein Jahrgangsstufenleiter auch nur die leiseste Ahnung hat. Ich sollte mir dringend ebenfalls Snapchat zulegen. Wieso haben die Anzüge sämtlicher Jungs eigentlich dieselbe Farbe? Wie soll ich Schneewittchen in einem Meer schwarzer Jacketts finden? In Abendkleidung ist sein sonst unverkennbares Haar getarnt. Ich jogge einmal rings um die Aula und dann hinüber in die Mensa. Ich drücke mich bei den Toiletten herum und kontrolliere jeden Müllcontainer, da wir schließlich alle wissen, welch großartige Treffpunkte sie abgeben. Kein Jacob. Ist er überhaupt zum Ball erschienen?

Gerade will ich einen prüfenden Blick in sein Facebook-Profil werfen – sollte ich vielleicht auch hier und jetzt Snapchat herunterladen und dort nachsehen? –, als ich im Gang zur Turnhalle eine einsame Gestalt erspähe. Logisch: Der Andere Jacob ist anderswo. Da steht er, vor seinem Bild. Ich eile zu ihm und überlege unterwegs, ob ich es mit einem scherzhaften Spruch wie »Hat hier jemand eine Muse bestellt?« versuchen oder ihn einfach geradeheraus konfrontieren soll: »Pass mal auf, Anderer Jacob: Stehst du auf mich – oder was?« Doch er überrascht mich, indem er zuerst das Wort ergreift.

»Und, gefällt es dir? Bist du sauer auf mich?«

Was? Sauer auf ihn? Soll das ein Witz sein? Ich bin bedenklich kurz davor, ihn zu küssen.

»Nein! Ja! Ja zum ersten Teil. Ich liebe es – und nein, ich bin nicht sauer auf dich. Ich liebe es!«

Sehr formgewandt. Hat hier jemand eine Muse bestellt?

Er lächelt. Verlegen und glücklich.

»Ich habe dir nicht nachspioniert, nicht beim ersten Mal. Ich wollte die Häuser im Dunkeln fotografieren, manche haben diese unheimlichen Wasserspeierfiguren auf den Torpfosten, ich dachte, die könnte ich zeichnen. Aber dann bist du aufgetaucht.«

»Wasserspeier-Alternative.«

Er lacht. »So war das nicht gemeint.«

»Also hast du stattdessen mich geknipst.«

»Das Lustige daran war: Aus dem Foto ist gar nichts geworden. Es war zu finster. Und du hattest nichts Reflektierendes an deinen Klamotten – was im Dunkeln übrigens echt gefährlich ist.«

»Notiert, vielen Dank.«

»Jedenfalls: Als mir dann aufgegangen war, dass du regelmäßig unterwegs bist, habe ich mir gedacht, ich könnte es noch mal versuchen und ein neues Bild machen, oder vielleicht würdest du mal anhalten und wir kämen ins Gespräch oder so. Keine Ahnung. Ich hatte nicht vor, das zur Gewohnheit werden zu lassen – dass ich mich im Gebüsch verstecke und dir auflauere.«

»Tja, solche Dinge passieren.«

»Und dann bin ich auf den Gedanken gekommen, deine Freundinnen mit in die Zeichnung aufzunehmen. Gefällt sie dir wirklich?«

»Ja, weil ich darauf fantastisch ausschaue, wie eine echte Läuferin, die ständig ihre Runden dreht.«

»Na ja, das tust du doch auch, oder?«

»Fantastisch aussehen? Danke. Nein, ich meinte den Teil mit der echten Läuferin.«

»Du bist eine Läuferin.« Er macht einen Schritt auf mich zu. »Und fantastisch siehst du immer aus.«

»Ich bin keine *richtige* Läuferin.«

»Wieso sagst du das ständig? Du bist eine richtige Läuferin.« Noch ein paar Schritte in meine Richtung.

»Aber ich übe doch bislang bloß. Ich bin noch nicht richtig gut.«

»Ich habe dich schon etliche Male laufen sehen.« Er greift nach meiner Hand. Ein bisschen forsch für Schneewittchen.

»Hmm?«

Sein Arm schiebt sich um meine Taille. Er lacht leise. »Das begreife ich nicht. Du läufst draußen, in der Öffentlichkeit. In unserer Stadt, in der Nähe der Schule, in der Nähe meines Hauses. Ich beobachte dich dabei mehrmals in der Woche, seit zwei Monaten schon.«

»Himmelherrgott, Jacob, wo um alles in der Welt wohnst du?!« Meine Güte, er schaut verdammt gut aus.

Er zieht mich zu sich heran. Für einen Zufallsstalker überwindet er seine Schüchternheit ziemlich zügig. »Beim Krankenhaus. In der Straße vor dem Gässchen.«

»SCRUPLES?« Unsere Nasen berühren sich.

»Nein, nebenan. Egal: Darf ich dich jetzt küssen?«

»Oh ja, bitte.«

Minnie Michaels

macht sich locker!

Die nächsten beiden Stunden verbringe ich auf der Tanzfläche, zusammen mit Daniel, Lena, Alice und zwei Typen, die beide Jacob heißen. Einer von ihnen scheint Alice' Freund zu sein, und der andere ist so was wie ihre beste Freundin. Allesamt sind sie total nett. Wir singen aus voller Kehle und laufen nacheinander durch einen Tunnel aus Armen. Ich tanze zu einem langsamen Lied mit Daniel, und dann wechseln wir unsere Partner und ich albere mit Lena und Alice herum und wir amüsieren uns, als wären wir seit Ewigkeiten beste Freundinnen. Ich denke, in Zukunft werden wir das tatsächlich sein. Als die Band *Bohemian Rhapsody* spielt, fängt die ganze Aula mit völlig übertriebenem Headbanging an, und mein Haargummi explodiert. Meine Haare fliegen in alle Richtungen – mir war gar nicht klar, wie lang sie inzwischen sind. »Ich versuche, Alice dazu zu überreden, sich unserem Laufclub anzuschließen«, vertraut Lena mir an, während Alice patent zur Tat schreitet, mein Haar mit den Fingern kämmt und mir einen neuen Zopf bindet.

»Du. Schaust. Hammermäßig. Aus«, befindet sie.

In der Mädchentoilette betrachte ich mich im Spiegel. Im Grunde muss ich ihr recht geben. Zwei Mädels aus meinem Englischkurs sagen das Gleiche, während ich meinen Lippenstift nachziehe.

»Ich wünschte, ich könnte auch so was tragen«, meint die eine mit sehnsüchtigem Blick auf meinen Smoking.

»Ich liebe diese Lippenstiftfarbe an dir!«, seufzt die andere. Ich denke, ich gehe dieses Wochenende zum Friseur. Diese Sache mit dem neuen Look gefällt mir.

Als ich aus der Toilette trete, pralle ich frontal in Aimee Bradbury, die ihren Drink über meine Schuhe verschüttet und lacht.

»Falsches Klo – Anzugträger dort hinein.« Sie deutet auf die Jungentoilette. Ihre kleine Gang, komplett in Schwarz gewandet, kichert wie eine Hexenschar an Halloween.

»Ha, jep, alles klar«, sage ich, nicht sicher, ob sie versucht, witzig zu sein.

»Dann lässt du deinen Australier jetzt also sitzen und gibst Lena Singleton und Big Alice den Vorzug?« Sie schielt auffordernd zu ihren Freundinnen, erwartet den nächsten Lacher.

»Was? Nein.«

»Ist das etwa nicht dein Coming-out-Outfit?«

»Wovon redest du?«

»Ach, ich bitte dich, jeder weiß, dass Lena Singleton genauso homo ist wie ihr Dad.« Ihre Gänseschar schnappt nach Luft.

»Hä? Und was tut das im Augenblick zur Sache?«

»Und außerdem: Vielleicht bin ich das gar nicht.« Lena stellt sich direkt vor mich.

»Wie du meinst, Lena – das kommt noch, daran zweifelt keiner.«

Wie aus dem Nichts taucht Alice auf. »Was kommt noch?«

Aimee deutet auffällig unauffällig auf Alice' Turnschuhe und verdreht die Augen.

»GEFALLEN SIE DIR?«, ruft Alice, als wäre Aimee auf mindestens einem Ohr taub.

»Was?« Aimee wirkt beleidigt allein davon, dass Alice sie angesprochen hat.

»MEINE TURNSCHUHE. MAGST DU SIE? SIND DEINE SCHUHE UNBEQUEM? SOLL ICH DIR MEINE FÜR EINE WEILE BORGEN?«

Nun schaut Aimee zutiefst entsetzt aus. »Was? Nein! Hör auf, hier herumzubrüllen, du Idiotin. Ich will deine nuttigen Schuhe nicht.« Andere Leute ringsum werfen uns Blicke zu, neugierig, was hier los ist.

»WAS WILLST DU DANN – IRGENDWAS ANDERES?«

»Nein. Verschwinde, Alice. Ich darf mit Lena reden, wenn ich Lust dazu habe.«

»OH, ALLES KLAR – LASS MICH DAS NUR KURZ GEGENCHECKEN.« Alice dreht sich zu Lena, die sich inzwischen krümmt vor Lachen. »LENA. MÖCHTEST DU DICH MIT DIESEM MÄDCHEN UNTERHALTEN?«

Lena wiehert laut los. »NEIN, DANKE!«, schreit sie zurück.

»OKAY, DANN BEENDEN WIR DAS GESPRÄCH AN DIESER STELLE. TSCHÜSS, VIELEN DANK, AUF NIMMERWIEDERHÖREN.« Alice legt Lena einen Arm um die Schultern, den anderen um meine Taille, und wir spazieren davon.

»Du solltest wirklich zusammen mit uns laufen gehen«, sage ich zu Alice, sobald wir wieder auf der Tanzfläche stehen.

Alice schaut an mir vorbei, strahlt den dunkelhaarigen Jacob an, der völlig hingerissen wirkt. »Jaaa, vielleicht mach ich das«, ruft sie über die Schulter, während sie auf ihn zutanzt.

Be more Alice

TEIL 6

SIEG!

[Privat]

Alice Daly-Donne

geht laufen.

Schon zweimal habe ich diese Woche die Laufschuhe geschnürt, und bei beiden Gelegenheiten bin ich nicht einmal bis Scruples gekommen. Jacobs Haus liegt direkt davor, und beide Male war er zufällig gerade im Garten, als ich im Stechschritt vorbeimarschiert bin. Nicht etwa, weil er ein so eifriger Gärtner wäre – und okay, mag sein, dass ich ihm per Textnachricht angekündigt habe, ich werde innerhalb der nächsten Minuten an seinem Haus vorbeilaufen, ehe ich zur Tür hinaus bin, aber trotzdem ist es supersüß, wie er mit einem Getränk und einem Snack auf mich wartet.

»Willst du fünf Minuten reinkommen?«, fragt er. Und so bleibe ich eine geschlagene Stunde, plaudere in der Küche mit seiner Mum, und er zeigt mir ein paar Übungsskizzen, die er für sein Meisterwerk angefertigt hatte. Er wirkt verlegen, als ich das Schul-Lesezeichen bemerke, das an seine Staffelei geheftet ist, und zwar so, dass die Seite mit meinem Foto zu sehen ist. Seit dem Ball haben wir uns nicht wieder geküsst, aber irgendwie scheint zwischen uns ein stillschweigendes Einvernehmen darüber zu herrschen, dass wir zusammen sind. Gewissermaßen. Ich spüre, wie ein zweiter Kuss in uns hochblubbert. Und ich ahne, dass er sogar noch besser werden wird als der erste.

Heute Abend allerdings werde ich ihm nicht schreiben. Heute Abend muss ich wirklich diese Laufeinheit durchziehen.

Ich gehe jetzt LAUFEN, tippe ich. Und dann lösche ich die Nachricht und greife nach meinem iPod.

Mit raschem Gehen wärme ich mich auf.

Das hier ist mein vorletzter Lauf. Mein erster in dieser Woche sollte eigentlich gar nicht zählen, aber mir gehen die Tage aus und ich muss das Programm innerhalb von neun Wochen abschließen, also habe ich noch diese Einheit heute Abend und dann meine alleralleRALLERletzte morgen vor mir.

Kein Pausentag. Keine Zeit dafür. Ich weiß, ich bin der Käpt'n meiner Seel' und der Meister meines Los' und deshalb wäre es auch völlig legitim, wenn ich mir einen weiteren Tag nehmen würde, um die App zum Abschluss zu bringen, aber ich habe mich eben nicht dazu angemeldet, »in neun Wochen und einem Tag« zu lernen, wie ich beim Laufen dreißig Minuten durchhalte. Das wäre ein katastrophaler Werbespruch für eine App. Niemand würde sie je herunterladen.

Genug Zeit geschunden, Gehirn – lass uns laufen!

Und das tun wir. Das tue ich. Aber es ist hart. Und damit meine ich: richtig, richtig hart. Anstrengender als vergangene

Woche, obwohl wir noch gar nicht bei den letzten zwei zusätzlichen Minuten sind. Das Display zeigt erst Minute vierzehn, und ich möchte bereits sterben. Oder aufgeben, damit ich bequemer sterben kann. Das hier ist Folter. Alles tut weh, und ich will einfach stehen bleiben. Ich werde panisch, und mein Atem gerät aus dem Takt, wird kurz und stoßweise, und das hilft mir nicht im Mindesten. In nächsten Moment keuche und würge ich. Meine Füße beschleunigen, als könnte ich so diesem Desaster davonrennen. Es schneller hinter mich bringen. Vielleicht liegt vor mir eine absolut tiefenentspannte Minute siebzehn, eine lockere Minute achtzehn. Ich zwinge mich, langsamer zu laufen, versuche, meinen Rhythmus wiederzufinden. Ich bin verwirrt. Am Ende. Ich habe es ja gewusst: Ich bin keine Läuferin.

Ich bleibe stehen.

Ich habe versagt.

Halt die Klappe. Verschwinde.

Ich will nicht darüber reden.

öffnet WhatsApp

Alice Daly-Donne schreibt …

Lena Singleton

kennt das zu gut: Wir alle haben schlechte Tage!

Alice berichtet in unserer WhatsApp-Gruppe von ihrem albtraumhaften Lauf. Einmal mehr versichern wir ihr, dass so etwas vollkommen normal ist. Dass sogar Usain Bolt miese Tage hat. Dass man manchmal einfach müde ist oder nicht in den Flow findet. Den Flow gibt es wirklich. Und wenn man ihn einmal nicht erreicht, bedeutet das keinesfalls, dass es nie mehr klappen wird. Vielleicht schon am nächsten Tag, vielleicht schon eine Stunde später ist man wieder mittendrin.

In einer Stunde bin ich im Bett. Mit einem Buch und einem Stück Battenbergkuchen, antwortet sie.

Auch gut. Das klingt ebenfalls verlockend, kontere ich. Ich denke, Alice braucht heute Abend einfach eine Auszeit.

Ich scrolle in unserem Chatverlauf nach oben und betrachte den Screenshot, den sie uns nach dem Ball geschickt hat: ein Foto der Zeichnung, die Jacob Altman von uns dreien beim

Laufen angefertigt hat. Minnie und ich sind im Grunde nur vage Schemen, doch an unseren Haaren erkennt man uns. Ich vermute, er hat uns von einem der Lesezeichen abgemalt, aber ohnehin sind wir in dem Bild eigentlich nur Beiwerk. Im Zentrum steht Alice. Sie sieht unglaublich aus. Entschlossen und wunderhübsch und so stark. Jacob sieht sie wirklich. Und er muss sie *immens* gernhaben. All seine Gefühle sind da, sprechen laut und deutlich aus seinem Werk. Ich hoffe bloß, dass auch Alice sich selbst so wahrnehmen kann. Ich sende ihr das Foto zurück, als kleine Gedächtnisstütze. Das bist du.

Dann tippe ich eine private Nachricht an Minnie und wir verabreden, unser nächstes Treffen mit der Laufgruppe sausen zu lassen. Wir müssen diese Zeichnung in die Realität übertragen.

Minnie unterstützt meinen Plan auf ganzer Linie, verfolgt jedoch eindeutig auch eine eigene Agenda.

Daniel wollte wissen, ob du Lust hast, uns dieses Wochenende zum Burgeressen zu begleiten. Uns und … Sebastian Edwards.

Ha! Wessen Idee war das?

Sebs, glaube ich!

Ich versuche, Sebs Gesicht vor meinem geistigen Auge aufzurufen. Ich denke an seine Lippen und überlege, ob ich sie eventuell würde küssen wollen. Ich habe keinen blassen Schimmer. Aber vermutlich ließe sich das auch erst unmittelbar aus der Situation heraus beantworten … mir fällt wieder ein, wie er mich stets zum Lachen bringt. Und wie gern ich mich mit ihm unterhalte. Und wie sehr ich Burger mag. Und dann beschließe ich: Wieso die Dinge komplizierter machen, als sie sind?

Okay. Klingt spaßig. Wenn ich mitkomme, musst du mir allerdings versprechen, dass du dieses Anmeldeformular fertig ausfüllst und abgibst.

Deal.

Minnie Michaels

braucht keine Notfall-Haargummis mehr!

Ich tue es. Ich sitze auf dem Stuhl, ein Handtuch um den Hals, den schwarzen Umhang übergeworfen, und nippe an einem Cappuccino. Mein nasses Haar liegt mir breit aufgefächert und ausgekämmt über den Schultern. In der Tasche zu meinen Füßen steckt das Anmeldeformular. Ich habe es ausgefüllt, genau so, wie ich es Lena versprochen habe. Und sogar bereits von meinen Lehrern unterschreiben lassen. Ich hatte lediglich noch keine Gelegenheit, es abzuschicken.

»Bist du dir sicher?«, fragt meine Friseurin Rani ein letztes Mal.

»Absolut!«

Und schon trennt ihre Schere ein riesiges Stück meiner Haarpracht ab. Vier weitere beherzte Schnitte, und ein Großteil meiner einstigen Haarlänge liegt auf dem Fußboden. Ich beschließe, nicht in den Spiegel zu schauen, ehe sie fertig ist, und konzentriere mich stattdessen auf meinen Kaffee und meine Zeitschrift. Ich höre und spüre, wie die Schere eifrig um meine Ohren herumschnippelt, und hin und wieder landet ein Bündel feuchter Haarsträhnen in meinem Schoß. Der Föhn springt an, eine Bürste ruckelt durch mein Haar, dann kommt erneut die Schere zum Einsatz, weitere Haare rieseln, und ich kann mich nur mit allergrößter Selbstdisziplin davon abhalten, nach dem Spiegel zu schielen.

In der Zeitschrift stoße ich auf einen Artikel, der empfiehlt, Oliv- und Khakigrün als Lidschattenfarbe auszuprobieren, und ich notiere mir im Geist auch den Namen des Metallic-Eyeliners in Goldgrün, der wirklich hübsch aussieht.

»Schau mal!«, sagt Rani, als ich tatsächlich gerade nicht mehr daran gedacht habe, wo ich bin und was hier geschieht.

Und ich hebe den Blick, spähe durch meinen neuen üppigen, stumpfen Pony. Fahre mit den Fingern durch den verstrubbelten Bob, spüre die Luft im Nacken, wo nun keine Haare mehr sind. Ich schüttele den Kopf vor dem Spiegel, um sicherzugehen, dass das Mädchen, das mir entgegenstarrt, wirklich ich bin. Ich sehe vollkommen anders aus. Wie jemand, nach dem ich mich vielleicht auf der Straße umdrehen würde. Jemand, der irgendwie eine natürliche, ungezwungene Coolness ausstrahlt. Beinahe möchte ich sagen … richtig chic?

Lena Singleton 

spricht es nicht immer aus,
aber sie fühlt es.

Ehe ich aufbreche, um Minnie abzuholen, esse ich eine Banane. Dad kommt herein und stibitzt einen Happen.

Er legt sein Handy auf die Küchentheke. Eine Erinnerung lässt das Display gerade lange genug aufleuchten, dass ich erkenne, welches Foto er als Hintergrund gewählt hat: ein Bild von mir, aufgenommen neulich abends, gestylt und bereit für den Ball. Er hat mich dazu genötigt, am Fuß der Treppe zu posieren. Derart verlegen und unwohl habe ich mich selten gefühlt.

»Dad, wieso hast du dieses schreckliche Bild auf deinem Handy?«

»Sprich nicht so über mein neues Lieblingsfoto!« Er nimmt das Telefon an sich und aktiviert den Bildschirm, um es erneut zu betrachten. »Ich habe es allen gezeigt und gesagt: ›Schaut euch mein Mädchen an. Schaut euch mein wunderschönes, großes Mädchen an!‹«

»Dad, das ist SO WAS VON peinlich!«

»Schäm dich niemals dafür, du selbst zu sein, Lena. Dieses Bild kommt an DIE WAND.«

Die Wand ist eine Zimmerecke, in der Dad Fotos von mir aufhängt, seit ich ein kleines Mädchen war. Inzwischen überlappen die Bilder einander, drängen sich kreuz und quer um mein offizielles Adoptionszertifikat, das gerahmt in der Mitte prangt. Ursprünglich durfte keines der Fotos den Rahmen berühren. Ich schätze, inzwischen sind ihm die Erinnerungen an unser gemeinsames Leben wichtiger als der juristische Kram, denn sie breiten sich in alle Richtungen aus. Die kleine Lena, wie sie mit einem Spielzeughund auf Rädern Laufen lernt. Lena mit gigantischem Hut. Lena mit schokoladenverschmiertem Mund. Lenas zehnter Geburtstag. Lena mit Henry. Lena mit ihrer früheren besten Freundin Aimee. Lena im Urlaub, wie sie ihren Namen in den Sand schreibt. Lena am ersten Tag der Highschool. Jetzt Lenas Sommerball. Lena, Lena, Lena ...

Ich überfliege die Bilder, und mir wird etwas bewusst, das mir bisher nie aufgefallen ist: Kein einziges davon zeigt Lena beim Laufen.

»Sind das wirklich deine liebsten Momente mit mir?«

»Einige davon.« Er kommt herbei und stellt sich neben mich. »Die, von denen ich Fotos habe. Manchmal genieße ich die Zeit mit dir zu sehr, um daran zu denken, die Kamera hervorzuholen.«

»Zum Beispiel bei Rennen?« Gäbe es Fotos davon, wenn ich gewonnen hätte?

»Ich liebe es, dich laufen zu sehen! Ich bin so glücklich, dass du dich meinem Club angeschlossen hast. Wir können ein Laufbild von dir dazuhängen, wenn du magst.«

»Du bist bei etlichen meiner Rennen gewesen – wieso gibt es kein einziges Foto davon? Ist das nicht unser Ding? Willst du nicht, dass ich richtig erfolgreich werde?«

Er stutzt und schaut mich an, als würde ihm mit einem Mal etwas aufgehen.

»Ich werde dich bei allem unterstützen, was du tust, Lena. Falls es die Rennen sind …«

»Nein!«, unterbreche ich ihn. »Sind es nicht.« Die Wahrheit durchschneidet die Luft wie ein Pistolenschuss. Und in genau diesem Moment, einfach so, begreife ich – er wollte mich nie antreiben. Er dachte, das sei *mein* Ding, und deshalb hat er mitgezogen. All die Einheiten am frühen Morgen. Und die Drills spätabends. Immer bloß, um Zeit mit mir zu verbringen.

»Mein Mädchen, unser Ding ist alles, was wir zusammen unternehmen. Lachen ist unser Ding. Pfannkuchen sind unser Ding.« Er schließt mich in eine kurze, krachende Papa-Bär-Umarmung. »Soll ich ein bisschen Teig in die Pfanne gießen?«

»Heute Abend helfe ich ein paar Freundinnen bei etwas aus«, sage ich, »aber es gibt da tatsächlich noch ein Foto, um das ich die Wand gern ergänzen würde.« Ich durchwühle meine Schultasche und reiche ihm einen der Abzüge, den ich heimlich gekauft habe: Minnie, Alice und ich, wie wir zusammen auf einer kalten Bank vor der Schulbibliothek sitzen und über gar nichts lachen. An diesem Tag war es wirklich schwer, auch nur ein Lächeln aufzubringen. Es fühlte sich so künstlich an. Minnie hat sich viel zu verkrampft bemüht und ich mich überhaupt nicht. Alice war einfach Alice, aber das wusste ich damals noch nicht. Immer wieder hat sie versucht, uns dazu zu bringen, alberne Sachen zu sagen, wenn die Kamera geklickt hat, und ich habe mich geweigert, mitzumachen, weil ich damals einfach scheußlich war, aber Minnie hat ihr Bestes gegeben. Während der Fotograf an seinen Kameraeinstellungen hantiert hat, hat Alice etwas gesagt wie: »Los, sobald er das nächste Mal herunterzählt, fangen wir alle lauthals zu singen an!« Minnie hat unsicher gewirkt, sich allerdings erkundigt, welches Lied wir denn anstimmen sollten. »Twinkle, Twinkle, Little Star«, hat Alice vorgeschlagen, »das findet er sicher gruselig.«

Kurz darauf war der Fotograf tatsächlich bereit für die nächste Runde, und er hat uns das Kommando geben wollen: »Achtung, Mädels: Drei – zwei – eins …«

»TWIIIIINKLE …« Aus irgendeinem Grund hat Minnie allen Ernstes voller Inbrunst zu trällern begonnen. Alice hat nicht wirklich eingestimmt, und ich natürlich erst recht nicht, aber Minnie war mit Feuereifer dabei. In dieser hohen Chormädchentonlage. Vollkommen ernsthaft. Und Alice ist vor Lachen beinahe zusammengeklappt und hat mich angesteckt. Und da habe ich gelacht. Dann ist Minnie aufgegangen, was gerade passiert war, und sie hat ebenfalls losgekichert. Diesen Moment hat der Fotograf eingefangen.

»Sind das die beiden Freundinnen, mit denen du dich triffst?«, fragt Dad.

»Jep. Alice und Minnie … Wir gehen zusammen eine Runde laufen.«

»Du könntest sie doch auch zu Pfannkuchen einladen?« In der Zukunft wird es so kommen. Ganz bestimmt. Minnie wird begeistert sein von Dads Pfannkuchen, und Alice bringt ihn garantiert zum Lachen. Ich freue mich schon darauf.

»Ein andermal, Dad – heute Abend müssen wir das wirklich durchziehen.«

»Kapiert.«

Und dann füge ich hinzu: »Coach … du bist ein guter Dad.« Und frage mich dabei insgeheim, ob ich ihm das je zuvor gesagt habe. »Wollen wir ein Selfie machen, bevor ich aufbreche?« Er zieht mich an sich, und wir quetschen uns zusammen in den Fokus. Ich lächele aus tiefstem Herzen. Obwohl es keinerlei plausiblen Grund dafür gibt, dass es so sein sollte, bin ich seit jeher der Überzeugung, wir sehen einander ähnlich.

»Und noch ein neues Bild für DIE WAND!«, ruft er, während die Tür hinter mir ins Schloss fällt.

[Privat]

Alice Daly-Donne

läuft die Zeit davon.

Okay, gestern hatte ich also einen miserablen Lauf, aber den muss ich jetzt abhaken. Ich bemühe mich, mir Lenas und Minnies Nachrichten ins Gedächtnis zu rufen. Irgendetwas über die Todeszone und dass ich heute wieder in einer ganz anderen Zone unterwegs bin, in der ich das auf jeden Fall schaffen kann. Ich denke an Jacobs Zeichnung.

Und schicke meinen Laufmädels eine Nachricht. Ich bin guter Dinge. Ich bin zuversichtlich.

Gratuliert mir in einer halben Stunde. Ich ziehe das jetzt durch.

In meinem Kopf spielt triumphale Musik, während ich meine Laufschuhe schnüre. Mums Schuhe. Meine neuen trage ich nach wie vor nicht zum Laufen. Gefühlt in Zeitlupe schreite ich den Flur entlang, wie ein Astronaut auf dem Weg zur Startrampe, vor seiner allerletzten Mission. Natürlich ist in meinem Fall die Gefahr, in den Weiten des Weltalls verloren zu gehen oder in die Luft gesprengt zu werden, weitaus geringer. Allerdings hört man ja immer mal wieder von Phänomenen wie spontaner menschlicher Selbstentzündung und dergleichen, und mir wird beim Rennen tatsächlich jedes Mal ziemlich heiß. Ich werfe einen Blick aus dem Fenster, um zu sehen, ob Philip mich begleiten will, ob er die Wichtigkeit dieser Einheit spürt und gemeinsam mit mir unsere Reise zu Ende zu bringen plant, doch er kämpft mit einem Geschirrtuch und scheint damit ziemlich gut beschäftigt zu sein. Vermutlich sollte ich die letzten Meter allein bewältigen …

Ich öffne die Haustür, und plötzlich überfällt mich ein unerwartet heftiges Nervenflattern. Mein Magen rumort, und für eine Sekunde kann ich mir um nichts in der Welt vorstellen, dreißig Minuten am Stück durchzuhalten. Unmöglich. Eine gigantische, quälend lange, einsame Zeitspanne.

Ich schlurfe aus dem Gartentor, und wie durch ein verrücktes, fantastisches Wunder sind sie da: meine wahren, wirklichen Freundinnen, Lena Singleton und Minnie Michaels. Und mein Freund, der Andere Jacob. Lena hat »BE MORE ALICE« auf ein Blatt Papier geschrieben und es sich ans T-Shirt geheftet, warum auch immer. Mir gefällt es jedenfalls.

»Wir dachten uns, du könntest vielleicht ein wenig Unterstützung gebrauchen«, meint Minnie und schüttelt ihren frisch geschnittenen Bob in der Abendbrise.

»Tja, damit liegt ihr genau richtig.« Ich spüre, wie mir die Rührung im Hals aufsteigt, spreche es aber trotzdem aus:

»Ganz ehrlich – ich würde gern etwas Schmalziges loswerden: Lena, du warst die Erste, die sich in meinen geheimen Laufclub geschlichen hat, und du hast mich auf ganzer Linie gerettet … und Minnie, tut mir leid, dass ich das wieder aufkoche, aber als du so tragisch und leblos in diesem Krankenwagen lagst, hat mich das total motiviert, und jedes Mal, wenn ich laufe, denke ich an dieses Bild.«

»Das ist süß … und schräg«, urteilt Minnie.

»Und außerdem schaust du wahnsinnig chic aus.« Das stimmt – sie ist wunderhübsch.

»Und ich habe mir überlegt, dass du das hier unter Umständen gebrauchen kannst«, meldet sich Jacob, beugt sich nach vorn und haucht mir ganz züchtig einen schnellen Kuss auf den Mund. Niedlich, aber ich kann mich nicht beherrschen und reiße ihn erneut an mich heran.

Unsere Lippen verschmelzen miteinander, und ich nehme an, Minnie und Lena pfeifen derweil ein Liedchen und betrachten die Bäume, denn unser Geknutsche ist zu peinlich, um es aus derart nächster Nähe mitzuerleben. Ich fahre mit meiner Hand durch sein Haar und schmiege mich in seine wohlige Wärme. Er birgt mich in seinen Armen und drückt fest zu, und ich spiele mit dem Gedanken, zu sagen, wir sollten die Sache mit dem Lauf vergessen, doch Lena unterbricht mich, ehe ich dazu komme, und entscheidet:

»So, genug Unterstützung von dir, Jacob!« Er macht sich von mir los, verlegen und krebsrot im Gesicht.

Ich versichere ihm, dass ich den Kuss köstlich fand, bedanke mich und bestehe darauf, an genau dieser Stelle weiterzumachen, sobald ich fertig bin.

»Jetzt aber volle Konzentration, Alice!«, bellt Lena, ehe sie sich zu Minnie umwendet: »Du auch, Michaels – wir laufen nämlich an einem Briefkasten vorbei, in den du diese Bewerbung stecken wirst!«

»Aber ich habe sie gar nicht dabei!«, ruft Minnie. Zut alors!

»Was daran liegt, dass sie sich in meiner Obhut befindet. Ich habe sie mir von deinem Schreibtisch gegriffen, als ich dich abgeholt habe.«

Sacrebleu. Wenn Lena sich etwas in den Kopf gesetzt hat, ist sie nicht zu stoppen. »Hast du jemals daran gedacht, Coach zu werden?«, frage ich sie.

»Hör auf, Zeit zu schinden. Wir ziehen das jetzt durch!«

Himmel, Sarah schreit mich nie wirklich an.

»Bereit?«, fragt Minnie. Sie blickt mir tief in die Augen und sucht nach Unsicherheiten, die sie ausmerzen muss. Ich packe eine ihrer Hände und sage: »Oui!«

Lena nimmt meine andere Hand. Sie nickt mir mit aller Entschlossenheit und Zuversicht der Welt zu, ohne den geringsten Zweifel, dass ich das schaffe.

»Lasst uns laufen.«

Und das tun wir. Wir erwecken Jacobs Bild zum Leben. Zwar werden wir nicht zum wandelnden Kunstwerk, sondern sind etwas verschwitzter und alberner unterwegs, aber etwas, das einst nur in seiner Vorstellung existiert hat, wird nun Wirklichkeit.

Als Lena die letzten dreißig Sekunden ankündigt, habe ich das Gefühl, zu explodieren (was nicht identisch mit der spontanen Selbstentzündung ist). Unwillkürlich beschleunige ich noch einmal. Ich bin einfach zu aufgeregt. Lena und Minnie halten locker mit mir Schritt, doch ich werde immer schneller und schneller. Mir ist klar, dass ich keinen so abrupten Einbruch wie zuletzt riskieren sollte, aber ich kann nicht anders. Beide holen mich wieder ein, und Lena ruft: »NOCH ZEHN SEKUNDEN!«

»ICH. LAUFE!«, schreie ich in den Abendhimmel hinauf. Wir brüllen die Antwort gemeinsam, und unser heißer Atem lässt Dampfwolken aufsteigen. Wir sind kleine, Feuer speiende Drachen. Wir sind unaufhaltsam. Wir sind Freundinnen. »WIR. LAUFEN!« Und dann bleiben nur noch …

5

4

3

2

1

WAAAAAAAAAAHHHHHHHHH!!!!!!

Lena und Minnie springen auf mich, und wir fassen uns an den Händen und hüpfen im Kreis wie Kinder auf dem Spielplatz. Wir knuddeln uns einmal ordentlich durch, und dann zaubert Minnie Schokolade aus ihren Taschen hervor und wir lachen und lachen und lachen noch mehr. Für das ungeschulte Auge müssen wir wirken wie auf den Fotos, aber diesmal schauen wir einander beim Lachen ins Gesicht. Weil wir Bescheid wissen. Etwas, das einst nur in der Vorstellung existiert hat, ist Wirklichkeit geworden.

Gute Reise, Minnie Michaels?

Unser Cool-down führt uns in gemütlichem Gehtempo ohne Worte zum nächstgelegenen Briefkasten. Wir atmen noch schwer, grinsen breit und halten uns nach wie vor an den Händen. Alice strahlt wie eine echte Siegerin. Sie hat ihre Herausforderung bewältigt. Meine eigene beginnt gerade erst, aber ich nehme mir sie zur Inspiration. Alle beide. Ich werde das durchziehen.

Lena holt den Umschlag aus ihrer Tasche und reicht ihn mir. Aus irgendeinem Grund schieben wir ihn alle drei gemeinsam durch den Schlitz. Ich spüre es sofort. Ein Gewicht, das mir von den Schultern genommen wird. Glück. Erleichterung. Freude. Aufregung. Neugier auf alles, was da kommen mag. Allons-y!

Ich seufze tief, und Alice befindet: »Minnie, sogar deine Seufzer klingen allmählich französisch.« Und dann fangen wir wieder wie die Verrückten zu kichern an. »Vielleicht melden wir uns eines Tages alle für den Paris-Marathon an?« Ich sage es im Scherz, doch noch während die Worte nachhallen, stelle ich mir vor, wie eine ältere Version von mir in ein paar Jahren genau das tut.

Lena gesteht, dass sie eines Tages ebenfalls gern einen Marathon laufen würde. Alice meint, wir sollten uns erst einmal beruhigen, und schlägt einen Film-Marathon vor, und Lena erzählt, dass ihr Vater Snickers-Riegel noch immer Marathons nennt, und irgendwie führt uns das zu der Vereinbarung, dass wir irgendwann vor meiner Abreise nach Paris auf jeden Fall noch massenweise Filme schauen und Schokolade essen werden.

Unsere weichen Turnschuhsohlen verursachen auf dem Heimweg kaum ein Geräusch, ganz so, als würden wir uns besonders vorsichtig auf diesem neuen Terrain bewegen, das wir gemeinsam erkunden. Obwohl es sich eigentlich schon sehr, sehr solide anfühlt.

[Öffentlich]

Alice Daly-Donne

war laufen.

Nach einer weiteren verschwitzten Umarmung trennen sich unsere Wege. Ich nehme die letzten Meter nach Hause allein in Angriff, fingere meinen iPod aus der Tasche und stelle fest, dass er unbemerkt während unseres Laufs die letzte Folge des Podcasts abgespielt hat. Die abschließenden Minuten bekomme ich noch mit. Sarah lobt mich. Sie sagt, wie fantastisch ich mich im Verlauf des Programms entwickelt habe. Wie diszipliniert ich gewesen bin und dass die Ergebnisse für sich sprechen und Beweis für die harte Arbeit sind, die ich investiert habe. Beinahe bin ich ein wenig gerührt. Sarah prophezeit, dass ich auf meiner Laufreise in Wirklichkeit gerade erst am Anfang stehe. Nun habe ich alles Werkzeug an der Hand, um selbst weiter Fortschritte zu machen, und wenn ich möchte, kann ich mir jederzeit die App für den ersten Zehn-Kilometer-Lauf herunterladen. (Immer schön langsam, Sarah.)

Allerdings verspreche ich ihr, dass das Laufen *tatsächlich* auch in Zukunft ein fester Bestandteil meiner Woche sein wird. Ich werde nicht aufhören, bloß weil sie mich nicht länger kontrollieren wird. Meine Gedanken wandern zurück zu dem Lauf mit Lena und Minnie. Zu meinen leichtfüßigen Freundinnen, die mir im Halbdunkel aufgelauert haben. Schon möglich, dass ich sie sogar einmal zu ihrem Laufclub begleite. Dann denke ich an Jacob, der nach den Einheiten auf mich warten wird, mit heißer Schokolade und offenen Armen.

Ich stelle mir vor, wie ich mit Juliet ins Fitnessstudio gehe und sie auf dem Laufband in Staunen versetze. Wir haben nie wirklich über den Abend gesprochen, an dem sie mich zu meiner Laufrunde hat aufbrechen sehen. Ich sehe mich selbst als alte Dame, wie ich mit über sechzig noch die Laufschuhe schnüre – problemlos, denn schließlich habe ich das seit meiner Jugend getan.

Das hier fühlt sich an, als würde ich die Basis legen. Das hier bin jetzt ich. Ich laufe. Ich bin eine Läuferin.

Ich schlüpfe wieder durch die Haustür, und Clara erwartet mich am Fuß der Treppe.

»Hallo, Babyschwester. Hast du mich vermisst?«

»Ja. Darf ich einen Keks haben?«

»Komm, wir nehmen uns beide einen.«

Clara und ich mümmeln Kekse mit Vanillepuddingfüllung und trinken Schokomilch, als Mum in die Küche schlendert.

»Hattest du einen guten Lauf, Liebling?«

»Genau genommen meinen bisher besten, Mum. Moment. Was?«

»Gut, das klingt super. Ich bin wirklich stolz auf dich.«

»… worauf genau?«

»Darauf, dass du dir vorgenommen hast, fit zu werden, und es so entschlossen umsetzt. Ich wünschte, ich hätte deinen Ehrgeiz und deine Ausdauer!«

»Aber das kannst du gar nicht wissen. Das ist mein Geheimnis.«

»Oh, glaub mir, ich weiß alles.«

»Wie lange schon?«

»Seit ungefähr sechs Wochen? Seit du angefangen hast, ›mit Philip Gassi‹ zu gehen, dabei aber irgendwann Philip daheim vergessen hast.«

Ach ja. Clara klaut mir den angebissenen Keks aus der Hand. Er ist irgendwo auf halbem Weg zwischen der Tischplatte und meinem Mund in der Luft hängen geblieben, als ich in Schockstarre gefallen bin.

»Hallo, Mädels.« Dad spaziert herein und nimmt einen Schluck von meiner Schokomilch. »Guten Lauf gehabt, Alice?«